예수님의 진정한 길따름이로
살아가는 영광과 기쁨을
누리시길 축복합니다.
2005년 김홍○

길
따
름
이

길따름이

© 생명의말씀사 2025

2025년 1월 17일 1판 1쇄 발행

펴낸이 | 김창영
펴낸곳 | 생명의말씀사

등록 | 1962. 1. 10. No.300-1962-1
주소 | 서울시 종로구 경희궁1길 6 (03176)
전화 | 02)738-6555(본사)·02)3159-7979(영업)
팩스 | 02)739-3824(본사)·080-022-8585(영업)

지은이 | 김형익

기획편집 | 이주나
디자인 | 김혜진
인쇄 | 영진문원
제본 | 보경문화사
ISBN 978-89-04-16907-8 (03230)

저작권자의 허락 없이 이 책의 일부 또는 전체를
무단 복제, 전재, 발췌하면 저작권법에 의해 처벌을 받습니다.

사랑하는 손녀 지율에게

네가 자라서 이 책을 읽고 이해하게 될 때,
할아버지가 너를 위해
어떻게 기도했는지 알게 되길 바란다.
지율이가 예수님의 신실하고 즐거운
길따름이가 되기를.

길따름이로
들어서는 글

초기 교회의 그리스도인은 '길따름이들'이라고 불렸습니다. 그들은 단순히 주일에 모여 예배드리는 사람들이 아니었습니다. 삶의 모든 일상에서 길 되신 주님을 따르는 사람들이었습니다. 이 말은 초기 교회 신자들의 삶의 양식이 비신자들과는 확연하게 달랐다는 것을 의미합니다. 그들은 이 세상에서 비신자들의 삶과는 다른 길을 따라 걷는 사람들이었습니다.

이들이 보여 주었던 독특한 삶의 특징을 '아비투스(habitus)'라는 용어로 설명하기도 합니다. 아비투스는 후천적 배움을 통해 무의식 중에 또는 위기의 순간에 반사적으로 반응하는 구성원들의 공통된 행동 양식을 가리키는 사회학 용어입니다.

한 집단에 속한 구성원에게 아비투스가 형성되면, 그 아비투스는 바깥 세계에 그들의 정체성을 표현하는 특징이 됩니다. 초기 교회가 외부 세계에 보여 준 아비투스는 비신자들로 하여금 신자들을 주목하게 만드는 매력이고 힘이 되었습니다.

이런 초기 교회의 모습을 생각하면, 우리가 살아가는 21세기 한국 교회를 떠올리지 않을 수 없습니다. 한국 교회가 사회로부터 비난의 표적이 된 지 오래고 가벼운 조롱의 대상이 되는 일도 심심치 않게 일어나는 현상을 생각하면 얼마나 서글픈지 모릅니다. 이것은 단지 한국 교회 신자들이 그리스도인다운 삶을 제대로 배우지 못했거나 가르침을 받지 못해서 일어나는 윤리적 문제라고 쉽게 말하기 어렵습니다. 그리스도인다운 삶의 방식을 만들어 낼 수 있는 참생명이 우리 안에 있는가 하는 더 근본적인 질문을 던져야 합니다. 그렇지 않으면 우리는 아비투스를 세상에 보여 주지 못하는 한국 교회에 대하여 피상적인 분석과 진단을 반복하는 일을 넘어서지 못할 것입니다.

존 번연의 『천로역정』에는 '무지(Ignorance)'라는 인물이 등장합니다.[1] 그는 좁은 문이 아니라 구부러진 오솔길을 따라 들어온 사람입니다. '크리스천'은 좁은 문으로 들어오지 않는 이는 도둑이요 강도로 책망받을 것이라고 경고하지만 '무지'는 이를 무시함으로써 이름에 걸맞은 태도를 고집합니다. 결국 '무지'는 죽음의 강을 손쉽게 건너 천성문에까지 이르게 됩니다. '헛된 소망(Vain-hope)'이라는 뱃사람이 그를 건너게 해 주었기 때문입니다.

저는 '무지'로 대표되는 거짓 신자들이 한국 교회의 다수를 차지하고 있기에, 다시 말하면 좁은 문과 십자가가 아닌 오솔길로 들어온 거짓 신자들로 인해 한국 교회가 예수님의 길따름이의 아비투스를 드러내지 못하는 것은 아닌지 우려합니다.

뿐만 아니라 이들에게 거짓된 평안을 제공해 주는, '헛된 소망'으로 상징되는 거짓 목회자들이 너무 많은 것은 아닌지 염려합니다. 이런 현상은 한국 교회가 세상을 향하여 고유의 아비투스를 가질 수도 없고 보여 줄 수도 없는 한 가지 이유를 설명해 줍니다.

지난 10년간 한국 교회의 20-40대 연령이 절반으로 감소했다는 조사 결과도[2] 이런 현상과 무관하지 않아 보입니다. 반면, 로마 제국의 박해 속에 있던 초기 교회가 매 10년 당 평균 40퍼센트의 실질 성장률을 꾸준히 보였다는 로드니 스타크의 주장은 추정이라고 하더라도 놀랍기만 합니다.[3]

초기 교회 성도들은 그들의 말보다, 그들이 공유하는 일관된 삶과 삶의 방식으로 기독교와 복음을 세상 앞에 보여 주었습니다. 초기 교회의 길따름이에게는 아비투스가 있었습니다. 초기 교회가 이와 같이 '삶의 방식'을 강조했던 것은 256년 북아프리카 카르타고의 주교 키프리아누스가 쓴 글에서 잘 드러납니다.

> 사랑하는 형제들이여, (우리는) 말이 아닌 행동의 철학자들이다. 우리는 우리의 지혜를 우리의 옷이 아닌 진리를 통해 드러낸다. 우리는 덕을 그것에 대한 (말의) 자랑이 아니라 실천을 통해서 알아본다. 우리는 위대한 일들에 대해 말하지 않는다. 오히려 그것을 살아낸다. … 그러므로 우리는 하나님의 종과 예배자로서 영적 경의를 지니고 우리가 하늘의 가르침을 통해 배운 인내를 보여 주자. 그 덕으로 인해 우리는 하나님과 공통점을 갖는다.[4]

그러므로 예수 그리스도를 믿고 세례를 받기 원하는 사람들은 단지 기독교의 기본 교리를 배우고 입으로 고백하는 것에서 더 나아가, 그리스도인의 삶의 방식을 따라 사는 법을 배워야

했고 그렇게 사는 것을 삶으로 증명해야만 했습니다. 초기 교회는 최종 면접(?)을 통해 삶 속에 예수 그리스도의 길따름이의 아비투스가 형성되었는지를 시험한 뒤에야 비로소 세례를 주었습니다.

다시 말하면 세례 교육은 단순히 기독교의 기본 진리를 배우고 확인하는 것을 넘어섰습니다. 아비투스 즉, 교회 안에서의 관습과 예수님의 가르침 그리고 신약 성경에 뿌리내린, 구체화되고 습관화된 삶의 방식을 따라 사는 법을 배우는 과정이었습니다. 이 삶의 방식이 그들의 제2의 천성이 되어서 몸과 마음으로부터 반사적 반응으로 나올 수 있도록 말입니다.

신약 교회가 탄생한 이후 처음 300년 이상은 로마 제국의 박해가 이어지던 시기였기에, 새로운 신자들의 아비투스를 검증하는 일에는 믿음으로 순교해야 하는 상황이 주어졌을 때 어떻게 행동할지를 시험해 보는 것이 당연히 포함되었습니다. 그러니 기독교에 관심을 가지고 믿음을 고백하고 세례를 받기 위해서는 3년이라는 교육 기간이 걸리기까지 했습니다.[5]

중요한 것은 세례 교육의 기간이 얼마가 되어야 하는지가 아니겠지요. 이렇게 초기 교회가 보여 주는 모습은 오늘 우리가 경험하는 교회의 현실과는 너무나 동떨어진 것이 분명합니다. 이 시대의 적지 않은 교회 지도자들과 신자들은 말씀을 들으면 사람이 변할 것이라고 쉽게 생각하는 경향이 있지만, 초기 교회 지도자들은 이에 동의하지 않았고 이렇게 말했습니다. 생각이 깊어지는 대목입니다.

사람들은 그들의 길을 따라 살면서 새로운 종류의 사고에 이른다. 만약 우리가 그들이 우상 숭배, 부도덕, 살인을 행하는 상태에서 그들을 받아들인다면, 그들은 말씀을 듣지 못할 것이고 결국 그들은 우리의 증언의 토대인 교회의 독특성을 치명적으로 훼손하는 방식으로 교회를 바꿀 것이다.[6]

우리 사회에서 한국 교회는 공공의 적으로 여겨지거나 온갖 비아냥의 대상이 되곤 합니다. 교회 안에서 실제로 일어나는 일들과 미디어에 오르내리는 교회발 뉴스들을 보면, 우리는 교회 밖 세상보다 윤리적 기준에서 월등하게 낫다고 말할 수 없게 되었습니다. 부인할 수 없는 슬픈 현실입니다.

그래서 저는 질문합니다.

과연 오늘날 한국 교회 신자들의 아비투스가 있기는 한 것입니까? 있다면 그것은 무엇입니까? 우리가 예수 그리스도의 길따름이로서 비기독교 사회에 드러낼 수 있는 아비투스는 어떤 것이어야 합니까? 그리고 그 아비투스는 어떻게 신자의 삶에 깊이 뿌리내릴 수 있습니까? 이런 고민들이 꼬리에 꼬리를 뭅니다.

초기 교회 길따름이들의 삶의 공통적인 특성인 아비투스는 도대체 어떻게 형성된 것이었을까요? 주님께서는 제자들을 부르실 때 "나를 따라오너라"고 하셨고, 제자들과 함께 동고동락하시는 가운데 당신의 삶을 보여 주심으로써 당신을 닮아가도록 가르치고 훈련시키셨습니다.

예수님을 따라 배우는 것은 책상 앞에 앉아 성경을 연구함으로써 되는 일이 아닙니다. 오직 주님을 따라 그 길을 걸어가 봄으로써만 배울 수 있습니다. 길따름이가 되어, 길따름이로 살아 보는 것입니다. 이런 고민들을 안고 씨름한 말씀을 벧샬롬의 사랑하는 교우들과 나누며 21세기 한국 교회 길따름이들을 향한 주님의 말씀을 함께 듣고 싶었습니다.

이제 책을 통해 예수 그리스도의 길따름이로 걸어가는 이 땅의 모든 형제자매와 같은 고민을 나눌 수 있어 기쁘기 그지없습니다. 예수 그리스도의 길따름이로서, 주님의 삶과 가르침에 근거를 둔 아비투스를 드러냄으로써 우리가 따라가는 그 길, 그 복음, 그 예수 그리스도를 세상에 보여 주는 복된 날을 저는 바라고 기다립니다. 다시 우리가 그분의 길따름이라고 불리는 그 날을 말입니다.

그날을 기다리며
김형익

길따름이로 들어서는 글 6

1부 길따름이의 질문

1장 좁은 문, 좁은 길
나는 그리스도의 제자인가?   20

2장 시험
내가 증명해야 하는 것은 무엇인가?   34

3장 동행
누구와 함께 가는가?   52

4장 성품
주님을 닮아가는 것이 왜 이리 더딘가?   70

5장 마음
마음을 지킨다는 것은 어떻게 가능한가?   88

6장 아비투스
그리스도인의 삶의 방식은 무엇인가?   106

2부 길따름이의 대답

7장 권위
　내 인생에 찾아온 새롭고 절대적인 권위를 따르겠습니다　　126

8장 자기 부인
　주님 뜻이 옳습니다, 제가 틀렸습니다　　146

9장 부활 생명
　오늘, 지금, 여기서 경험하고 누립니다　　166

10장 작은 자
　주님만을 온전히 의존합니다　　184

11장 예배인가 우상숭배인가
　내가 예배하는 대상을 닮아갑니다　　202

12장 죽음, 더 나은 은혜
　날마다 경험하며 영광의 문으로 걸어갑니다　　218

길따름이의 주　236

1부

길따름이의
질문

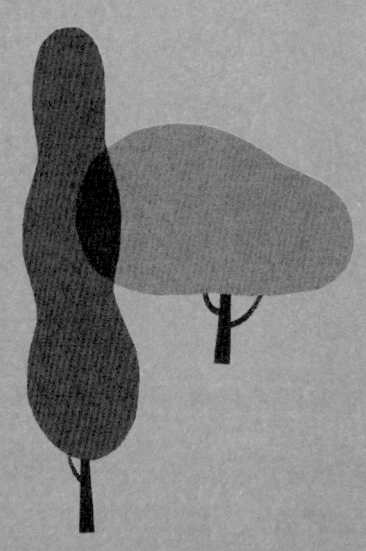

1장

좁은 문, 좁은 길

: 나는 그리스도의 제자인가?

길따름이가 되는 것은 두렵고 부담스러운 길이 아닙니다.
주님과 함께하는 멋진 모험을 시작하는 일입니다.
생명이신 주님을 만나 가장 은혜롭고
더없이 좋은 행복을 누리는 길입니다.

당신은 그리스도의 제자입니까?

"나를 따르라"고 말씀하신 주님을 따르는 제자입니까?

저는 당신이 교회를 다니는지, 교회에서 어떤 직분을 가지고 있는지를 묻는 것이 아닙니다. 그리스도와 그의 길을 따르는 제자인지를 묻는 것입니다. 종종 제자와 신자를 구분하는 분들을 봅니다. 당신은 이 구분에 동의합니까?

성경은 그렇게 말하지 않습니다. 의미상, 제자는 그리스도를 따르는 자이고 신자는 그리스도를 믿는 자입니다. 우리는 그리스도를 따르지 않으면서 그리스도를 믿을 수는 없습니다. 이 점에서 모든 신자는 제자이고, 길따름이입니다.

그래서 묻습니다. 당신은 그리스도의 제자입니까?

당신은 길따름이입니까?

성경은 우리가 그리스도의 제자인지, 예수 그리스도의 진정한 길따름이인지를 시험하는 한 질문을 제시합니다. 그것은 "좁은 문으로 들어가는가? 그 좁고 협착한 길로 걸어가고 있는가?"입니다. 마태복음 5-7장에 기록된, 산상수훈으로 알려진 주님의 설교 주제는 '제자도'입니다. 주님은 제자의 특성, 의무, 자세 그리고 위험 등에 대해서 말씀하셨습니다. 주님의 이 설교를 들은 사람들은 서기관들의 설교와 달리 권위 있는 가르침이었다고 평가하며 놀랐습니다. 하지만 주님은 순종의 행위 없이 설교를 즐기는 것은 죽은 종교의 특징이며, 헌신이 없는 구원의 확신은 사람의 영혼을 점점 무디게 만들 뿐이라는 사실을 잘 아셨습니다. 그래서 결론부에서 주님은 신앙이란 삶의 행동 양식을 통해서 입증된다고 강조하셨습니다. 진정한 길따름이는 듣기만 하는 자가 아니라 주님의 말씀에 순종하는 사람, 즉 좁은 문과 좁은 길로 행하는 사람이라는 것입니다.

두 개의 문, 두 개의 길

두 개의 문, 두 개의 길이 있습니다. 좁은 문과 넓은 문, 좁고 협착한 길과 넓은 길입니다. 두 문과 두 길에 관한 주님의 말씀은 제자의 삶의 방식, 즉 주님의 길따름이로서 더 성공하느냐 덜 성공하느냐의 문제가 아닙니다. 이것은 생명과 멸망의 문제입니다. 두 문과 두 길은 규모와 인기 그리고 목적지가 모두 정반대입니다.

주님의 말씀에 의하면 길따름이는 좁은 문으로 들어가며 좁고 협착한 길로 행하는 사람입니다. 그렇다면 당신은 좁은 문으로 들어왔습니까? 그리고 계속해서 좁고 협착한 길로 행하고 있습니까? 이 의미를 좀 더 생각해 봅시다.

짐을 버리고 가는 길

미국 테네시 주의 채터누가(Chattanooga)라는 곳에는 바늘귀(Needle's eye)라는 이름이 붙은, 거대한 두 바위 사이로 난 좁은 통로가 있습니다. 이 통로는 어떤 짐도 가지고 지나갈 수 없을 만큼 좁습니다. 좁은 문으로 들어가 좁은 길로 행하려면 짐을 버려야 합니다. 문이 좁고 작으면 큰 짐을 가지고 들어갈 수 없습니다. 주님이 "멸망으로 인도하는 문은 크고 그 길이 넓다"고 하셨을 때, 당시 도시로 들어가는 관문과 대로를 생각하고 말씀하신 것으로 보입니다. 그 길은 가축은 물론, 수레로 자기 짐을 잔뜩 싣고도 아무 문제 없이 들어갈 수 있었습니다.

하지만 그 옆으로 난 작고 좁은 문은 그렇지 않았습니다. 짐이 없는 사람만 간신히 들어갈 수 있었으니까요. 부자 관리가 와서 "내가 무엇을 하여야 영생을 얻으리이까"라고 물었을 때, 주님은 매우 과격하게 들리는 대답을 하셨습니다.

네게 아직도 한 가지 부족한 것이 있으니 네게 있는 것을 다 팔아 가난한 자들에게 나눠 주라 그리하면 하늘에서 네게 보화가 있으리라 그리고 와서 나를 따르라 눅 18:22

큰 부자였기에 이 말씀을 듣고 심히 근심하는 그 사람을 보시며 주님은 또 말씀하셨습니다.

재물이 있는 자는 하나님의 나라에 들어가기가 얼마나 어려운지 낙타가 바늘귀로 들어가는 것이 부자가 하나님의 나라에 들어가는 것보다 쉬우니라 눅 18:24 - 25

생명으로 인도하는 문은 좁고 길이 협착하기에 많은 재물을 가지고는 들어갈 수 없다는 말씀입니다. 이 결정은 죽음의 자리에서 하는 것이 아니라 어떤 문으로 들어갈 것인지를 생각할 때, 즉 지금 내려야 하는 결정입니다.

알렉산더 맥클라렌은 주님께서 말씀하신 팔복 중 처음 두 지복, '심령이 가난한 자'와 '애통하는 자'가 누리는 복이 '좁은 문 양편에 세워진 두 기둥'이라고 하면서 이렇게 덧붙입니다.

그 두 기둥은 영적 파산에 대한 인식과 죄에 대한 슬픔이다. 좁은 문으로 들어오기를 원한다면, 짊어지고 있는 모든 것을 버려야 한다. 우리는 자신이 하나님 앞에 설 수 없이 파산한 존재라는 사실과 죄 인식 외에 아무것도 가지고 들어갈 수 없다.

하지만 우리의 실상은 어떻습니까? 심지어 교회 안에 있는 사람들도 자신의 소유를 하나도 버릴 생각이 없습니다. 부자 관리처럼 말입니다. 그들은 문이 크고 길이 넓은 곳을 선호합니다. 그 문과 길이 결국 멸망으로 인도한다고 주님께서 친히 경고하셨음에도 불구하고 말입니다.

복음서에서 주님을 따르는 제자들을 묘사하는 방식을 주목해 보십시오. 베드로와 안드레는 "곧 그물을 버려 두고" 주님을 따랐고(마 4:20), 요한과 야고보는 "곧 배와 아버지를 버려 두고" 주님을 따랐다고 기록합니다(마 4:22). 누가복음은 특별히 베드로가 "모든 것을 버려 두고" 예수님을 따랐다고 기록합니다(눅 5:11). 세리 마태도 가버나움의 세관에서 일을 보다가 주님께서 부르시자 "모든 것을 버리고" 일어나 주님을 따랐습니다(눅 5:28).

이 동일한 강조들은 제자들이 부자 관리와 달리, 주님을 따라 좁은 문으로 들어가 좁고 협착한 길을 행하는 길따름이가 되었다는 사실을 보여 줍니다. 여기서 "버려 두고"라는 말보다는 '따랐다'라는 말이 중요하지만, 우리는 부자 관리에게 하신 말씀 "네게 있는 것을 다 팔아"에 주목하고, 제자들에게 하신 말씀 "모든 것을 버려 두고"에 더 주목하여 주저하는 마음을 가지기 쉽습니다. 이것은 주님을 따르는 것의 영광을 간과하는 것입니다.

'모든 것을 버리고 주님을 따랐다'는 말은 문자적으로 지금 당장 자기 이름으로 된 모든 재산과 소유를 팔고 선교사나 전도자 혹은 목사가 되어서 주님을 따라야 한다는 말이 아닙니다. 주님을 따르는 길따름이는 자신이 가진 모든 것에 대하여 더 이상 자신의 주권을 행사하지 않고 그 주권을 주님께 양도한다는 뜻입니다. 이것을 '그리스도의 주 되심(the Lordship of Christ)'이라고 합니다. 예수님을 나의 구주와 나의 주님으로 영접한다고 할 때 '주님'이 의미하는 것이 바로 이것입니다. 예수님을 구주로만 영접하고 주님으로 영접하지 않는 일은 불가능합니다. 예수님의 구주 되심과 주 되심은 분리할 수 없습니다.[1]

좁은 문, 좁은 길로 행하는 진정한 길따름이는 그리스도의 주 되심을 인정하는 사람입니다. 길따름이는 큰 문과 넓은 길로 행하는 사람이 결코 알 수 없는 평안과 안식을 누리게 됩니다. 전능하고 선하신 주님께서 그들 인생의 주인이시기 때문입니다.

외로운 길

좁은 문과 좁은 길로 행하는 여정은 외롭습니다. 좁은 문과 좁은 길은 인기가 없기 때문입니다. 주님은 멸망으로 인도하는 문은 크고 그 길이 넓어 들어가는 자가 많다고 말씀하십니다. 모든 자연인은 크고 넓은 길을 선호하고 이 길로 행합니다. 그러나 예수님의 길따름이는 좁은 문, 좁은 길로 행합니다. 그래서 길따름이는 외롭습니다. 이 말은 신자가 많은 사람과 어울리지 못하는 편협하고 까다로운 사람이라는 뜻이 아닙니다. 신자는 넓은 마음을 가지고 있고 사랑이 풍성하지만 그가 가진 십자가의 복음 때문에, 하나님 외에 다른 신과 우상을 섬기지 않는다는 사실 때문에 좁은 문과 좁은 길로 가는 사람입니다.

이 외로움은 길따름이가 두 나라에 속한 사람이기에 피할 수 없습니다. 이 세상 나라에서 하나님 나라 시민으로서 정체성과 의식을 가지고 살아가기에 경험하는 외로움입니다. 우리가 대한민국 국민으로서 다른 나라에서 살 때, 그 나라의 시민 의식과 정체성에 완전히 동화될 수 없는 것처럼 말입니다.

이 세상에서 예수님의 길따름이는 주변의 많은 사람과 많은 것을 공유하며 살아가지만, 자신의 본향이 하늘에 있음을 알기에 외로운 여정을 걸을 수밖에 없습니다. 정치적으로도 그렇습니다. 좁은 문, 좁은 길로 행하는 길따름이에게는 하나님 나라의 절대적인 가치 기준이 존재합니다. 이것을 시민의 정치 참여 영역에서 생각해 볼 수 있습니다. 예수님의 길따름이는 그 기준에 따라 대통령 후보를 판단하고, 그들의 공약을 평가하며, 정당에 대한 조건적 지지를 표명합니다. 길따름이는 대통령 후보들이 메시아가 아니며, 그들이 약속하는 나라가 하나님 나라가 아니고, 그들의 주장이 복음이 아님을 압니다. 길따름이는 이 땅의 시민으로 어떤 부분에서는 지지하고 동조하지만 한 사람이나 한 정당에 무조건적으로 모든 것을 걸고 동조할 수는 없습니다. 길따름이에게는 하나님의 나라와 그 의를 구하는 것이 언제나 먼저이기 때문입니다(마 6:33).

하지만 길따름이는 이 세상에서 큰 문과 넓은 길을 가는 수많은 사람보다 더 믿음직스럽고 성실하게 '의(righteousness)와 공도(justice)'를 행하는 정의로운 모범 시민으로서 세상에 기여하며 살아가는 사람입니다(창 18:19). 좁은 문과 좁은 길로 행하는 예수님의 길따름이는 외롭지만, 그 외로움 덕분에 자신과 동행하시는 주님을 더 깊이 경험하는 은혜와 축복을 누리고 살아갈 수 있습니다. 길따름이는 자신과 같은 길을 걸어가는 사람들과의 사귐 속에서 큰 위로와 힘을 얻습니다. 그것이 교회입니다.

고생길

좁은 문과 좁은 길로 행하는 여정은 고된 여정입니다. 주님은 "생명으로 인도하는 문은 좁고 길이 협착하여"라고 말씀하셨습니다. '협착하다'는 말은 좁다는 의미보다, 에워싸 밀거나 비집고 들어가다 또는 눌림을 당한다는 뉘앙스를 가진 말입니다. '협착하다'라는 이 헬라어 단어는 '환난, 고통, 괴로움'을 의미하는 단어와도 어원이 같습니다. 즉, 좁은 길은 고생길이라는 말입니다. 주님은 좁은 문으로 들어와서 좁은 길로 행하면 금방 길이 넓어지고 편안해질 것이라고 우리를 기만하지 않으십니다. 도리어 좁은 길로 행하는 것은 십자가를 지는 길이며 주님과 함께 고난을 겪는 길이라고 말씀하십니다. 치러야 할 대가를 신중하게 생각하고 이 길을 걷기를 결정하라는 말씀이지요.

하지만 우리는 주님의 이 말씀도 들어야 합니다. "의를 위하여 박해를 받은 자는 복이 있나니 천국이 그들의 것임이라"(마 5:10). 이것이 길따름이가 누리는 지복입니다. 좁은 문, 협착한 길로 가면서 천국을 경험하는 것입니다.

오래도록 많은 그리스도인에게 사랑을 받아 온 찬송 〈내 주를 가까이하게 함은〉은 사라 F. 아담스(Sarah F. Adams, 1805-1848)의 시에 곡을 붙인 것입니다. 이 찬송의 가사가 주님의 말씀을 그대로 보여 주지 않습니까?

> 내 주를 가까이하게 함은 십자가 짐 같은 고생이나
> 내 일생 소원은 늘 찬송하면서 주께 더 나가기 원합니다
> 내 고생하는 것 옛 야곱이 돌베개 베고 잠 같습니다
> 꿈에도 소원이 늘 찬송하면서 주께 더 나가기 원합니다
> 천성에 가는 길 험하여도 생명 길 되나니 은혜로다
> 천사 날 부르니 늘 찬송하면서 주께 더 나가기 원합니다

주님께 나아가는 길이 비록 십자가 짐 같은 고생이며 험할지라도 이 길이 생명 길이기에 은혜라고 고백하며 더 가까이 나아간다는 고백입니다.

이런 용기와 인내는 어디서 나오는 것입니까? 이 용기와 인내는 하나님께서 당신의 자녀들에게 주신 믿음의 특성입니다. 믿음은 겁이 줄어들고 용기가 늘어나게 합니다. 그래서 길따름이는 점점 겁을 덜 내고 더 용기 있는 사람이 됩니다.

그리스도인에 대한 박해가 심했던 로마 제국의 초기 300여 년 동안, 비신자들은 예수님의 길따름이들을 보고 놀라서 이렇게 묻곤 했습니다. "어떻게 저들은 저런 죽임당함과 비참에 처함에도 불구하고 그 좁고 험한 길을 포기하지 않고 계속 걸어가려 하는가?"

좁고 험한 길이 주님께서 약속하신 생명으로 인도하는 문이고 길이기 때문입니다. 그들에게 이 생명은 먼 미래의 천국에서 주어질 어떤 것으로만 그치지 않았습니다. 이 생명은 현재의 고생길에서도 더 깊이 누리고 경험하는, 살아계신 하나님과의 사귐이었습니다. 좁은 문, 협착한 길은 비록 고생길이지만, 예수님의 길따름이들은 이 길에서 은혜를 누리기에 즐거이 이 길을 걸어갑니다. 자신과 동행하시는 사랑하는 주님을 가장 깊이 누릴 수 있는 길이기 때문입니다.

나를 따르라

주님은 두 개의 문과 두 개의 길만을 말씀하셨습니다. 하나는 멸망으로, 또 하나는 생명으로 인도하는 길입니다. 중도는 없습니다. 산상수훈의 결론으로 주신 이 말씀은, 진정한 길따름이는 좁은 문으로 들어가 협착한 길로 걸어가는 사람이라고 우리에게 말해 줍니다.

길따름이는 입술의 고백이나 주일예배에 참석하여 설교를 듣는 것으로 자신을 입증하지 않습니다. 당신은 오래도록 교회 생활을 해왔을 수도 있고, 모태신앙인일 수도 있으며, 또는 교회의 직분자일지도 모릅니다. 주님은 그것을 물으시는 게 아닙니다. 주님께서 당신에게 하시는 질문은 이것입니다.

"너는 내 제자이니? 너는 나의 길따름이가 맞니? 너는 나를 따라오기 위해서 짐을 버리고 좁은 길, 협착한 길을 걸어가고 있니?"

당신의 대답은 무엇입니까? 이런 질문은 당신에게 부담스러울 수도 있습니다. 하지만 생각해 보십시오. "나를 따르라"고 하신 주님은 천지를 창조하시고 세상의 역사를 주관하고 섭리하는 하나님이십니다. 그분은 하늘과 땅의 모든 권세를 가지셨습니다(마 28:18). 그분이 우리에게 "나를 따르라"고 말씀하실 때,

그 의미는 "내가 너를 영원히 책임져 줄게"라는 약속 아닙니까? "내가 세상 끝 날까지 너와 함께 그 좁고 협착한 길을 걸으며 너와 동행해 주겠다"라는 약속이 아닙니까?

이것을 아는 사람에게 좁은 문과 좁은 길은 두렵고 부담스럽기만 한 것은 아닙니다. 주님의 약속을 믿는 사람에게 길따름이가 되는 것은 주님과 함께하는 멋진 모험을 시작하는 일입니다.

상당한 세월 동안 교회 생활을 했지만 구원의 확신이 없고 하나님을 인격적으로 안다고 말하지 못하는 사람이 적지 않습니다. 그 한 가지 이유는, 주님을 신뢰함으로 좁은 문으로 들어가 협착한 길로 걸어본 경험이 없기 때문입니다. 자기 판단, 자기 주관, 자기 생각, 자기 계획을 따라 살아가는 한, 그 확신을 누릴 수는 없습니다. 도널드 맥컬로우의 말을 들어 보십시오.

주의 깊은 관찰을 하려면 연구 방식이 연구 대상과 일치해야만 한다. 천문학자들은 망원경을 가지고 별을 관찰하고, 생물학자들은 현미경으로 세포를 관찰하며, 사회학자들은 조사와 면담을 통해서 인간의 행동 양식을 발견하며, 정신병리학자들은 깊은 대화를 통해 잠재의식을 연구한다. 그리고 기독교인들은 스스로를 예수 그리스도에게 의탁함으로써 하나님의 자기 계시에 주목하게 된다.[2]

아무리 오랜 세월 예배당 의자에 앉아서 많은 설교를 들었다고 할지라도 "나를 따르라"는 주님의 음성을 듣고 주님을 따르기 위해 모든 것을 버리고, 외로운 길을 걸어본 적이 없다면 주님을 인격적으로 경험할 수 없습니다.

독일의 탁월한 설교자이자 신학자인 헬무트 틸리케의 말대로 "그리스도에 대한 우리의 지식은 우리가 그 안에서 인격적인 신앙 관계를 이루었을 때에만 우리에게 주어지기" 때문입니다.[3]

제자들을 부르셨던 것처럼 주님은 지금 당신을 부르십니다. "나를 따르라." 주님의 길따름이가 가야 하는 길은 좁고 협착하여 사람들이 찾지 않는 길이지만 생명으로 인도하는 길입니다. 주님의 길따름이가 가는 길은 모든 것을 버리고 가는 외롭고 고된 길이지만, 생명이신 주님을 만나고 누리는 길이기에 가장 은혜롭고 더없이 좋은 행복을 누리는 길입니다. 현재 당신이 처해 있는 삶의 상황에서, 가정과 일터 그리고 삶의 현장에서 사람들이 찾지 않는 좁은 문과 협착한 길을 발견하고 그 길로 행하는 주님의 길따름이가 되겠습니까?

2장

시험

: 내가 증명해야 하는 것은 무엇인가?

길따름이는 이미 그리스도 안에서
하나님의 자녀가 되었다는 복음의 확신 아래서 평안을 누리고,
하나님의 인정으로 충분한 사람입니다.
복음은 우리를 그렇게 확신 있는 사람으로 빚어갑니다.

길따름이의 삶에서 피할 수 없는 것은 시험입니다. 주님은 제자들에게 기도를 가르치실 때 여섯 가지 청원을 가르치셨습니다(마 6:9-13). 그중 "시험에 들게 하지 마시옵고 다만 악에서 구하시옵소서"는 마지막 여섯째 청원에 해당합니다. 당신은 주님께서 가르치신 대로 기도합니까? 주님께서 가르치신 이 청원은 우리에게 몇 가지 교훈을 줍니다.

첫째, 길따름이의 삶에서 시험을 피할 수 없다는 것입니다. 그래서 주님은 시험에 들지 않도록 기도하라고 하셨습니다. 둘째, 길따름이는 자기 힘으로 이 시험을 이길 수 없습니다. 그래서 기도로 하나님의 도우심을 구해야 합니다. 셋째, 이 시험은 '악한 자' 마귀로부터 옵니다. 주님은 "악에서 구하시옵소서"라고 기도하라고 하셨는데 여기서 "악"은 '악한 자' 곧 사탄으로 해

석할 수 있습니다. 넷째, 이 시험은 길따름이의 인생에 한두 번 찾아오고 마는 것이 아니라, 길따름이의 삶에 평생 계속됩니다. 그래서 길따름이는 평생 이것을 두고 기도해야 합니다.

이 정도만 생각해도, 길따름이가 기도하지 않고 사는 것은 얼마나 위험천만한 일인지 알 수 있습니다. 그것은 "마귀야, 나는 언제든 시험에 들 준비가 되어 있어"라고 말하며 사는 것과 다르지 않습니다.

주님께서 받으신 시험

이 시험은 우리만 겪는 것이 아닙니다. 예수님도 육신으로 이 땅에 계실 때 시험을 겪으셨습니다. 예수님께서 공생애를 시작하실 때였습니다. 성경은 "예수께서 성령에게 이끌리어 마귀에게 시험을 받으러" 광야로 가셨고, 거기서 40일을 금식하신 후에 주리셨다고 기록합니다. 예수님께서 마귀의 시험을 받으신 것은 성령님이 인도하신 일이고 주권적으로 간섭하신 일이라는 것입니다.

성경은 초자연적 존재인 마귀의 인격성을 분명하게 말씀하고 있습니다. 하지만 불행하게도 오늘날 신자들은 마귀의 존재를 이론적으로는 인정하면서도, 실제로는 그 존재를 거의 의식하지 않고 살아가는 것 같습니다. 주님께서 공생애를 시작하실 때 마귀에게 시험을 받으셨다는 사실은, 주님을 따르는 모든 길따름이의 삶에도 마귀의 시험이 따를 것임을 암시합니다. 우리가 알다시피, 마귀는 세 가지로 주님을 시험했습니다.

세 가지 시험 중 첫째는, 돌로 떡을 만들라는 것이었습니다. 유대 광야는 사막이라기보다 바위가 많은 지형으로 주변이 돌 천지였을 테니 40일을 주리신 주님께 이것은 큰 유혹일 수 있었을 것입니다. 둘째는, 예루살렘 성전 꼭대기에서 뛰어내리라는 시험이었습니다. 마귀는 네가 만일 하나님의 아들이라면 시편 91편 11-12절에 이른 대로, 하나님께서 천사들을 명하여 발이 돌에 부딪히지 않도록 보호하실 것이라고 도전합니다. 세 번째 시험은 지극히 높은 산에서 천하만국과 그 영광을 보여 주며 자기에게 엎드려 경배하면 이 모든 것을 주겠다는 시험이었습니다. 하지만 "나라와 권세와 영광이 아버지께 영원히 있사옵나이다"라는 마지막 고백의 온전한 의미를 아신 주님은 이 유혹에 굴복하지 않으셨습니다.

이 시험들의 본질을 생각해 봅시다. 물론 이 세 가지 시험은 인간의 육욕에 관한 것이고 구체적으로 소비, 안전, 지위에 대한 것이며 육신의 정욕, 안목의 정욕, 이생의 자랑과도 연결됩니다(요일 2:15-17).

그 시험의 본질로 좀 더 들어가 보면 그것은 정체성에 관한 시험이었습니다. 마귀는 두 번이나 "네가 만일 하나님의 아들이어든"이라고 조건을 답니다(마 4:3,6).

주님은 돌로 떡을 만들 능력이 있으셨고, 하나님 아버지께서 사랑하는 아들을 보호하실 것도 분명했습니다. 주님은 얼마든지 돌로 떡을 만드심으로써, 성전 꼭대기에서 몸을 던져 보이심으로써 하나님의 아들이심을 증명할 수 있었습니다. 하지만 주님은 뱀과 대화를 이어갔던 하와와는 달리, 신명기에 기록된 말씀을 인용하심으로(신 8:3; 6:16) 단번에 마귀의 제안을 거절하셨습니다.

이 시험이 있기 직전, 주님은 요단강에서 세례를 받으셨고 그때 하늘에서 "이는 내 사랑하는 아들이요 내 기뻐하는 자라"는 음성이 들렸습니다(마 3:17). 그 직후에 주님은 성령께 이끌리어 광야로 와서 40일을 금식하시고 마귀에게 시험을 받으신 것입니다. 주님은 마귀가 제시하는 방식으로 당신이 하나님의 아들이심을 증명하실 이유가 없으셨습니다. 하나님 아버지께서 이미 하늘에서 "이는 내 사랑하는 아들"이라고 선포해 주셨기 때문입니다.

마귀의 시험에는 공급과 보호라는 중요한 개념이 있습니다. 하나님께서 아버지시라면 주리신 주님께 양식을 공급해 주셔야 하지 않겠습니까? 성전 꼭대기에서 떨어지는 아들을 위해 천사를 보내 보호해 주셔야 하지 않겠습니까? 하지만 주님은 이런 '특정 조건들 속에서' 하나님 아버지의 약속과 그 선하심을 확인하려고 하나님을 시험하지 않으십니다. 주님께서 광야에서 받으신 시험은 구약 성경에 나오는 두 경우를 떠올리게 합니다.

첫째는 에덴동산에서 첫 사람 아담이 하와와 함께 받은 시험입니다. 그들은 하나님처럼 될 필요가 없는, 이미 하나님의 형상으로 창조된 창조 세계의 최고 관리자였습니다. 하나님과 같이 된다는 유혹을 받아 선악과를 따먹은 일은 정체성의 시험에서 무너진 실패였습니다.

둘째로, 출애굽한 이스라엘 백성의 40년 광야 생활에서 그들이 받은 시험입니다. 주님께서 광야에서 40일간 주리신 후에 시험을 받으신 일은 이 이야기를 배경으로 합니다. 하나님의 장자였던 이스라엘 백성은 광야 생활 내내 음식 공급의 문제로 또는 광야의 위험으로부터 보호받는 문제로 하나님을 시험함으로써 마귀의 유혹에 번번이 무너지곤 했습니다. 주님은 둘째 아담이자 참 이스라엘로 오셔서, 아담과 이스라엘 백성의 실패를 넘어 마귀의 시험, 특히 정체성에 관한 시험을 이기고 통과하신 것입니다.

마귀는 세 번째로 예수님을 시험했습니다. 자기에게 경배하면 천하만국과 그 영광을 주겠다는 내용입니다. 주님은 "사탄아 물러가라"라고 명하심으로써 경배의 대상은 오직 하나님뿐임을 선언하십니다. 사실, 마귀가 시험한 내용들은 사람이 생존을 위해 필요로 하는 양식(떡)과 위험한 인생길을 가는 동안 필요로 하는 하나님의 보호하심 그리고 세상에서 누릴 수 있는 영광입니다. 모두가 그 자체로 악하거나 나쁜 것들이 아닙니다. 문제는 마귀가 제안한 방식이 '십자가 없이 그것들을 얻는 방식'이었다는 데 있습니다.

얼마 동안만 떠나다

예수님께서 "사탄아 물러가라"고 하시자 결국 마귀는 예수님을 떠났습니다. 하지만 누가복음 4장은 "마귀가 모든 시험을 다 한 후에 얼마 동안 떠나니라"라고 기록하고 있습니다(눅 4:13).

마귀는 "얼마 동안"만 떠났습니다! 마귀는 사실 예수님의 공생애 기간 내내, 바리새인과 유대 지도자들을 통해 심지어는 제자들을 통해서도 그리고 주님께서 십자가에 달리신 때까지도 예수님을 시험하기를 그치지 않았습니다.

제자들은 주님을 부인하거나 도망했고, 군중은 "네가 만일 하나님의 아들이어든 자기를 구원하고 십자가에서 내려오라"(마 27:40)고 주님을 도발했습니다. 주님이 고난을 받고 죽임을 당하실 것을 가이사랴 빌립보에서 처음 말씀하시자 베드로는 "주여 그리 마옵소서 이 일이 결코 주께 미치지 아니하리이다"라고 항변했습니다. 이때 주님은 "사탄아 내 뒤로 물러가라"고 말씀하셨지요(마 16:21-23). 주님은 베드로 배후의 영이 십자가 없는 영광으로 주님을 시험하는 마귀였음을 보신 것입니다.

마귀가 주님의 공생애 내내, 그리고 십자가에 돌아가시기 전까지 주님을 시험하려 했다면, 주님의 길따름이에게는 어떠하겠습니까? 그 본질은 동일합니다. 그것은 십자가 없는 공급하심과 십자가 없는 보호하심, 그리고 십자가 없는 영광입니다.

마귀의 시험은 우리 내면의 생각을 통해서 혹은 사랑하는 주변 사람들을 통해서도 옵니다. 우리 안에 성령님이 계시고, 우리가 주님의 길따름이라면, 주님을 따라 좁은 문으로 들어가 좁고 협착한 길로 행하고 있다면 우리는 사탄의 주요 타깃이 되지 않을 수 없습니다.

그래서 사도 베드로는 "근신하라 깨어라 너희 대적 마귀가 우는 사자 같이 두루 다니며 삼킬 자를 찾나니 너희는 믿음을 굳건하게 하여 그를 대적하라 이는 세상에 있는 너희 형제들도 동일한 고난을 당하는 줄을 앎이라"(벧전 5:8-9)라고 성도들을 경계(警戒)한 것입니다. 바울 사도도 "마귀의 간계"(엡 6:11)를 대적하고 "마귀의 올무"(딤전 3:7)를 주의할 것을 거듭 말씀하였습니다.

시험의 본질
― 십자가 없는 자기 증명

시험의 본질을 적용의 관점에서 생각해 보겠습니다. 시험은 무엇보다 자기 증명의 문제와 깊이 연관됩니다. 자기 증명은 어떤 사람에게는 목숨을 걸 만큼 중요합니다. 누군가 자신에 대해서 무슨 말을 하면 특히 그것이 부정적인 말이면, 견디지 못해 합니다. 우리는 자신이 누군지 증명하고 싶어 합니다. 그래서 우리는 소위 '시험에 드는' 일이 얼마나 자기를 증명하고 싶어 하는 자기 정체성과 연결되는지를 인식할 필요가 있습니다.

아담과 하와는 뱀이 자신들을 유혹할 때 이렇게 말했어야 했습니다. "우리는 하나님처럼 되기 위해 그 열매를 먹을 필요도, 이유도 없어. 우리는 이미 하나님의 형상으로 창조되었고, 하나님께서는 우리를 창조 세계를 다스리고 관리하는 최고 관리자로 임명하셨거든. 그러니 사탄아, 물러갈지어다!"

광야의 이스라엘 백성은 물이 없고 먹을 것이 없다는 사실 때문에 자신들이 정말 하나님의 장자가 맞는지, 하나님께서 정말 자신들 안에 계시는지 의심했고 하나님을 시험했습니다. 이것은 정체성의 문제였습니다. 이들은 먹고 마실 것이 공급되고, 모든 위험으로부터 보호하심을 받는 조건 속에서만 하나님께서 자기들의 하나님이심을 확인할 수 있다고 생각했습니다.

이것을 우리에게 적용해 볼 수 있습니다. 건강과 부와 같이 눈에 보이는 현상들을 하나님의 임재와 보호와 사랑의 증거로 여기는 우리의 태도는 광야의 이스라엘 백성처럼 하나님을 시험하고 조롱하는 일이며 마귀의 유혹에 넘어지는 자리가 됩니다. 칼빈은 이렇게 말합니다.

> 하나님을 시험하는 성향이 있는 사람들은 일정한 조건하에서만 하나님과 언약을 맺고 마치 하나님이 그들의 욕심을 채워 주는 종이라도 되는 것처럼 자기네 법과 규정으로 그분을 속박한다. 하나님이 즉각 순종하지 않으시면 그들은 그분께 노하고 불평하고 대들고 투덜대고 욕한다.[1]

이것이 시험의 본질입니다. 예수님은 당신의 정체성을 입증하려고 하나님을 시험하지 않으셨습니다. 하나님께서 아버지이심을 아셨기 때문입니다. 이것은 자신의 결백을 입증하려는 상황에서도 동일하게 작동합니다. 우린 남들의 비판 앞에서 자기 결백을 입증하려고 온갖 힘을 쏟습니다. 자기의 옳음을 입증하는 데 엄청난 에너지를 쏟아냅니다.

하지만 주님의 길따름이는 하나님 아버지의 공급하심과 보호하심 그리고 모든 기업을 약속받은 하나님의 자녀들입니다. 그러므로 어떤 특정한 조건과 수단으로 자신이 하나님의 자녀인 것과 하나님께서 자신을 사랑하심을 증명하기 위해 싸울 이유가 없습니다.

만일 우리가 이런 조건과 수단을 통해 자신을 증명하려 하거나, 그리스도를 떠나서 안전과 자기 증명을 얻으려 한다면, 이는 하나님께서 우리 중에 계신지를 시험하고 조롱했던 이스라엘 백성과 조금도 다르지 않은 태도입니다. 길따름이는 이미 그리스도 안에서 하나님의 자녀가 되었다는 복음의 확신 아래서 평안을 누리고, 하나님의 인정으로 충분한 사람들입니다. 복음은 우리를 그렇게 확신 있는 사람으로 빚어갑니다.

좀 더 구체적으로 생각해 봅시다. 일반적으로 우리는 마귀의 유혹을 따라 내면의 사고 흐름이 흘러가게 허용함으로써 시험에 들게 됩니다. 마귀의 유혹은 우리가 처한 특정한 상황에서 찾아옵니다. 주로 어려운 상황으로부터 올 수 있고, 주변 사람들을 통해서도 옵니다. 그러나 그 본질은 늘 자신의 옳음과 결백을 증명하려는 자기 증명 욕구와 관련됩니다. 이때 중요한 것은 증명해 내야 할 자신이 아니라, 우리가 하나님을 아버지로 알고 확신하는가입니다.

복음은 우리가 그리스도 안에서 하나님의 무한한 사랑을 받는 존재요, 그 자녀라고 선언합니다. 이 선언은 그리스도께서 십자가에서 흘리신 피로 하나님께서 서명하시고 보증하신 것입니다. 그래서 바울 사도는 믿음으로 말미암아 온갖 어려움을 겪어야 했던 1세기 로마의 길따름이들에게 이렇게 말했습니다.

> 자기 아들을 아끼지 아니하시고 우리 모든 사람을 위하여 내주신 이가 어찌 그 아들과 함께 모든 것을 우리에게 주시지 아니하겠느냐 롬 8:32

하나님의 독생자께서 십자가에서 죽으셨다는 사실, 하나님 아버지께서 당신의 독생자를 아끼지 않고 우리를 위해 내어 주셨다는 이 사실보다, 우리가 하나님 아버지의 사랑을 받는 자녀가 되었다는 사실을 확인해 줄 수 있는 더 나은 증거는 없습니다. 그래서 매일 도살당할 양처럼 죽임을 당하는 신세라 할지라도, 그 어떤 것도 우리를 그리스도 예수 안에 있는 하나님의 사랑에서 끊을 수 없음을 확신한다고 바울은 말합니다(롬 8:34-39).

주님의 길따름이가 이 복음의 사실 안에서 안식과 평안과 확신을 얻을 수 없다면, 그에게는 늘 시험에 넘어지는 길 외에 다른 길은 없을 것입니다. 우리가 하나님의 사랑을 받는 자녀요, 하나님께서 우리의 아버지이심을 확신하는 복음의 근거는 그리스도의 십자가 뿐입니다. 주님께서 광야에서 마귀에게 시험을 받으실 때, 마귀를 물리치신 것은 그의 모든 유혹의 핵심이 십자가 없는 공급, 십자가 없는 보호, 십자가 없는 영광임을 간파하셨기 때문입니다.

시험에 들지 않기 위한
실제적 지침들

사람이 시험에 들면, 그것은 한 사람의 넘어짐으로 끝나지 않습니다. 첫 사람 아담이 시험에 든 결과, 온 인류가 죄에 빠진 것을 생각해 보십시오. 아담은 인류의 대표로서 그렇게 되었다고 하더라도, 광야의 이스라엘 백성들도 그랬습니다. 그들의 끊이지 않는 불평은 온유한 사람 모세에게까지 영향을 미쳐서 백성에게 분노를 쏟아내게 함으로써 모세를 약속의 땅에 들어갈 수 없게 만들었습니다(민 20:1-3).

한 사람이 시험에 드는 일은 연쇄 작용을 일으켜 복음 안에 견고하게 서 있지 않은 주변 사람들에게 악한 영향을 미치고 결과적으로 하나님의 교회를 어지럽히는 파괴적인 결과를 낳게 됩니다. 당신은 신앙생활을 하며 이런 일들을 경험한 적이 있을 것입니다. 그래서 주님은 길따름이에게 "우리를 시험에 들게 하지 마시옵고 다만 악에서(악한 자에게서) 구하시옵소서"라고 기도하라고 가르치신 것입니다.

우리는 매일 이렇게 기도할 필요가 있는 존재들입니다. 이제 마귀의 시험에 들지 않기 위한 몇 가지 실제적인 지침을 드리겠습니다.

사탄의 책략을 알라

먼저, 성경에 근거하여 사탄의 책략을 깊이 알 필요가 있습니다. "이는 우리로 사탄에게 속지 않게 하려 함이라 우리는 그 계책을 알지 못하는 바가 아니로라"(고후 2:11)라고 하신 말씀처럼 말입니다. 토마스 브룩스는 그의 책 『사탄의 책략 물리치기』에서 이렇게 말합니다.

> 그리스도, 성경, 여러분 자신의 심령, 사탄의 책략은 제일 먼저 그리고 가장 많이 연구하고 살펴보아야 할 최우선적으로 중요한 네 가지 과제이다.[2]

앞서 제가 설명드린 시험의 본질이 바로 사탄의 계책을 다룬 것입니다. 우리가 마귀에게 속지 않기 위해서 시험의 본질을 아는 것은 중요합니다. 성경에 근거하여 예민하고 신중하게 분별하고 또 살펴야 합니다. 마귀에게 틈을 주지 않도록 말입니다.

마귀를 대적하라

우리는 더 나아가 악한 자 마귀를 대적해야 합니다. 사도 베드로와 야고보는 동일하게 "마귀를 대적하라"고 말씀합니다(약 4:7; 벧전 5:8-9). 가령, 내 안에 자기 증명 욕구가 발동하려고 할 때, 그것이 어디로 향할지를 알고 마귀를 대적해야 합니다.

중요한 것은 나의 옳음이 아니라, 하나님께서 나를 아시며 그분이 나의 아버지라는 사실입니다. 나를 아시는 하나님 아버지께서 필요하실 때 나를 통해 당신 자신을 나타내십니다.

우리가 자기 증명에 사로잡혀 행하는 일을 멈추지 않는다면 우리는 누군가를 시험하여 넘어뜨리는 도구가 될 위험이 있습니다. 우리 입에서 광야 이스라엘 백성이 했던 불평과 원망, 하나님께서 정말 우리 가운데 계시는가를 시험하는 말들이 쏟아져나올 때 그것은 하나님의 아버지되심을 증명하는 십자가 복음과 아무 상관 없는 말들일 것입니다. 이런 말들이 연약한 형제를 넘어지게 합니다. 만일 당신이 하는 말이 이런 위험한 말들인 것을 감지했다면, 주님께서 하셨듯이 당신도 마귀를 대적해야만 합니다.

은혜 안에 머물라

시험에 들지 않기 위해서 할 수 있는 가장 적극적인 방법은 은혜 안에 지속적으로 머무는 것입니다. 바울 사도는 고린도 사람들에게 "하나님의 은혜를 헛되이 받지 말라"라고 경고했습니다(고후 6:1). 고린도교회는 크게 시험에 들었는데, 바울 사도는 이것이 은혜를 헛되이 받은 결과라고 지적합니다.

당신이 개인적으로 그리고 교회가 공동체적으로 하나님의 은혜 아래 머물러 있다면, 그 은혜의 강물이 우리를 덮고 있다면,

이는 시험에 들지 않고 마귀를 대적하는 최고의 수단이 될 것입니다.

은혜 안에 머문다는 것은 복음 안에서 하나님께서 나를 어떻게 보고 계시는지, 하나님께서 어떻게 나의 아버지가 되시는지를 알고 확신하고 그 안에서 안식과 평안을 누리는 것입니다. 날마다 자신에게 복음을 전하고 그 복음을 믿는 것입니다. 길따름이는 특정한 방편이나 조건, 성공, 건강과 부를 통해 자기를 확인하고 증명할 필요가 없는 사람입니다.

은혜 안에 머물면, 우리의 입술에서는 하나님을 높이고 복음의 은혜를 말하며 형제 사랑의 말들이 넘쳐흐를 것입니다. 우리 입술에서 나오는 말들은 연약한 형제들을 굳게 세우며, 주님을 제대로 알지 못하는 사람들에게 주님을 만나게 하는 축복의 언어가 될 것입니다.

당신이 어떤 교회의 교인이라는 사실이 보증해 주는 것은 아무것도 없습니다. 그러기에 주일 공예배뿐 아니라 매일 성경 읽기, 개인 기도 특별히 하나님의 말씀이 스며든 기도, 믿음의 형제들과 함께하는 영적 사귐에 자신을 드려야 합니다. 이 모든 것이 하나님께서 정하신 은혜의 통상적 수단이기 때문입니다.

은혜의 수단을 부지런히 쓰지 않고서도 하나님의 은혜 안에 머물러 있을 것이라고 착각하지 마십시오. 은혜만이 우리를 겸손하게 하고, 자기 증명이 아닌 십자가로 향하게 합니다.

은혜받지 못하고 일주일을 살고 이주일을 보내는 것은 마귀가 쳐놓은 덫이 가득한 지뢰밭을 걸어가는 것과 다름없는 위험천만한 일입니다.

기도하라

끝으로, 기도하십시오. 주님께서 가르쳐 주신 대로, 그 기도를 드리십시오. 매일 그렇게 하십시오. 당신 안에 마귀의 시험이 느껴질 때 더욱 그렇게 하십시오. "우리를 시험에 들게 하지 마시옵고 다만 악에서 구하시옵소서."

주님은 십자가를 지시기 전 그 밤에도 감람산에서 기도하시면서 제자들에게 "유혹에 빠지지 않게 기도하라"라고 거듭 말씀하셨습니다(눅 22:40, 46). 우리는 스스로의 힘으로 마귀를 대적할 수 없고, 그 시험을 이길 수 없습니다. 이렇게 기도하라고 가르치신 주님은, 이 기도를 통해 우리를 도우시겠다고 약속하십니다.

예수님의 길따름이의 여정에서 마귀는 길따름이들을 시험하는 일을 결코 멈추지 않을 것입니다. 그러니 당신이 주님의 길따름이로 살아가려고 한다면, 마귀의 시험을 받지 않는 삶을 살 것이라는 허황된 생각을 버리십시오. 길따름이는 마귀의 시험을 물리치신 주님을 따라, 마귀의 모든 시험 속에서도 십자가의 길을 걸음으로써 마귀를 이기는 삶을 살아가는 사람입니다.

그럼에도 불구하고 종종 넘어지겠지요. 많이 넘어집니다. 그때마다 우리는 주님께서 베드로에게 주신 말씀을 기억해야 합니다.

그러나 내가 너를 위하여 네 믿음이 떨어지지 않기를 기도하였노니 너는 돌이킨 후에 네 형제를 굳게 하라 눅 22:32

3장

동행

: 누구와 함께 가는가?

배부르든지 배고프든지, 부하든지 가난하든지,
그 어떤 가치보다 더 중요한 것은
바로 하나님의 임재이고 하나님과의 동행입니다.
길따름이의 여정에서 이보다 중요한 것은 없습니다.

예수님의 길따름이로 살아가는 것은 우리 인생을 넓게 조망하게 합니다. 그저 이 땅에서 고생을 덜 하고 편하게 사는 것을 바라지 않고, 이 땅에서의 여정을 영원한 삶과 연결지어 바라보게 합니다.

'부활장'이라고 불리는 고린도전서 15장에서 바울 사도가 말씀한 대로 "만일 그리스도 안에서 우리가 바라는 것이 다만 이 세상의 삶뿐이면 모든 사람 가운데 우리가 더욱 불쌍한 자"(고전 15:19)인 것입니다.

길따름이가 바라보는 목적지가 지상에 있지 않다는 사실은 우리가 다 동의합니다. 길따름이는 믿음으로 "하나님이 계획하시고 지으실 터가 있는 성"을(히 11:10) 바라보고, "더 나은 본향" 곧 "하늘에 있는" 본향을(히 11:16) 바라보는 사람들입니다. 그래서 길따름이의 시야는 멀리 보고 넓게 봅니다.

동행

출애굽 사건을 생각해 봅시다. 출애굽 사건이 주전 15세기에 일어났다고 본다면, 지금으로부터 3400여 년 전의 일입니다. 그들은 광야에서 살다 광야에서 죽으려고 애굽에서 나온 것이 아니었습니다. 출애굽은 목적을 가진 사건이었습니다. 그들은 하나님께서 아브라함에게 약속하신 땅으로 들어가 하나님의 통치를 누리려고 애굽을 떠났습니다.

우리가 그리스도의 십자가 은혜로 구원을 받은 것은 이 땅에서 살다가 죽기 위함이 아닙니다. 우리가 구원받는 것은 하나님의 완전한 통치가 이루어지는 하나님의 나라, 곧 천국이라는 목적지에 들어가는 것입니다. 하지만 우리도 광야 같은 인생을 지납니다. 제가 당신에게 던지고 싶은 중요한 질문은 이것입니다. "누구와 함께 가는가?"

우리는 광야를 지납니다. 광야는 사방팔방으로 길이 정확하게 뚫린 도시와는 다른 곳입니다. 길을 잃기 쉽고, 현대의 도시에서 쉽게 볼 수 있는 이정표들도 없습니다. 마치 인생과 같습니다. 살아보기 전에는 알 수 없는 길을 가는 것이지요. 물론 앞선 세대들과 선배들의 도움을 받을 수 있습니다. 하지만 아무도 나를 대신하여 내 인생을 살아줄 사람은 없습니다. 삶은 내가 걸어가야 하는 길입니다.

광야는 위험합니다. 언제 어디서 코브라나 불뱀 같은 사나운 짐승이 출몰할지 모르고 강도떼를 만날 수도 있습니다. 광야는 밤의 추위와 낮의 더위가 반복되는 심한 일교차로 건강을 잃기 딱 좋은 곳입니다. 물을 구하기도 어렵고 음식을 공급하는 것도 보통 일이 아닙니다. 하물며 남자 장정만 육십만이었으니 이스라엘 백성이 겪었을 고생은 가히 상상도 할 수 없습니다.

이런 상황에서 정말 중요한 존재는 리더입니다. 세상에서도 리더가 얼마나 중요한지, 리더십이 얼마나 많은 것을 바꿀 수 있는지를 보여 주는 사례와 연구들은 넘쳐납니다. 이 점에서 "누구와 함께 가는가?"라는 질문은 "누가 리더인가?"라는 의미일 수도 있습니다. 당신 인생의 리더는 누구입니까? 당신은 누구와 함께 갑니까? 이 질문은 대단히 중요하고 그 대답은 더 중요합니다.

우리는 눈에 보이는 존재가 필요하다

출애굽기 33장의 배경은 광야 40년 기간에 가장 큰 두 번의 배교 사건 중 하나인 금송아지 숭배 사건입니다. 모세는 산에 올라가 사십 주야를 하나님 앞에서 지내며(출 24:18) 성막에 대한 자세한 지시 사항을 계시받고 있었고 십계명 두 돌판도 받았습니다. 하지만 산 아래의 백성은 모세가 내려오지 않는다고 난리입니다. 백성은 아론에게 말합니다. "일어나라 우리를 위하여 우리를 인도할 신을 만들라 이 모세 곧 우리를 애굽 땅에서 인도하여 낸 사람은 어찌 되었는지 알지 못함이니라"(출 32:1). 그들은 자기들의 리더가 모세라고 이해했고 그렇게 말했습니다.

그들은 "우리를 위하여 우리를 인도할 신을 만들라"고 요구하지만, 실상 그들이 본 것은 그들을 인도하시는 하나님이 아니라 그들을 "애굽 땅에서 인도하여 낸" 모세뿐이었습니다. 그들이 불안했던 것은 하나님께서 계시지 않거나 하나님께서 그들을 떠나셨기 때문이 아닙니다. 모세가 안 보였기 때문입니다. 아론의 반응은 우리를 더욱 놀라게 합니다. "너희의 아내와 자녀의 귀에서 금 고리를 빼어 내게로 가져오라"(출 32:2).

도대체 무엇을 하려는 것입니까? 그는 백성이 가져온 금 고리를 부어 송아지 형상을 만들고 말합니다. "이스라엘아 이는 너희를 애굽 땅에서 인도하여 낸 너희의 신이로다"(출 32:4). 백성은 인도할 신을 요구했고 아론은 이것이 너희의 신이라고 말합니다. 언뜻 보면 백성은 하나님을 필요로 한 것처럼 보이지만, 실상 그들이 원했던 것은 '눈에 보이는 지도자' 모세였습니다. 그래서 그들은 '눈에 보이는' 신, 송아지 형상을 만들어 섬겼습니다. 핵심은 그들이 눈에 보이는 존재를 필요로 했다는 것입니다. 왜 그렇습니까? 믿음의 눈으로 하나님을 볼 수 없었기 때문입니다. 감각적으로 인식할 수 있어야 의지할 수 있고, 마음이 놓였기 때문입니다. 그렇다면 '믿음'은 무엇인가 하는 질문을 던지지 않을 수 없습니다. 믿음은 보이지 않는 하나님을 보는 것이 아닙니까? 그래서 이스라엘 백성은 결국 눈에 보이는 금송아지 앞에 제단을 쌓고 번제와 화목제를 드리며 먹고 마시고 뛰놀았습니다(출 32:6).

우리는 가나안에 들어가는 것이 더 중요하다

이들이 보여 준 문제는 이것만이 아니었습니다. 그들이 원했던 것은 눈에 보이는 지도자 모세도, 금송아지도 아니었습니다. 사실, 그들이 바라고 원했던 것은 젖과 꿀이 흐르는 가나안 땅에 들어가는 것이었습니다. 누가 인도하느냐, 누구와 함께 가느냐는 사실 그들에게는 두 번째 문제였습니다. 그들은 그곳에 들어가기만 하면 된다고 생각했습니다. '누구와 함께 가는가'보다 '가나안에 들어가는 것'이 그들에게는 더 중요했습니다.

하나님의
진노

결국 진노하신 하나님께서 모세에게 말씀하십니다. "내가 그들에게 진노하여 그들을 진멸하고 너를 큰 나라가 되게 하리라"(출 32:10). 하지만 백성 사이에 선 모세의 중보를 통해 결국 하나님은 뜻을 거두시고, 모세는 산 아래 백성에게 내려와 금송아지를 숭배한 죄를 다루게 됩니다.

모세가 "누구든지 여호와의 편에 있는 자는 내게로 나아오라"고 하자 레위 자손들이 모여왔습니다(출 32:26). 그리고 이들은 모세가 전한 하나님의 명령대로, 칼로 그들의 형제와 친구와 이웃 가운데 범죄에 가담한 삼천 명가량을 도륙합니다(출 32:27-28). 이 사건은 이스라엘 역사에 잊을 수 없는 동족 살상의 큰 비극이었습니다.

이렇게 하고도 모세는 하나님께 나아가 자기 이름을 생명책에서 제하시더라도 백성의 죄를 용서해 달라고 간구합니다(출 32:31-32). 삼천 명이 죽었지만 금송아지 숭배 사건은 아직 완전히 해소되지 않았습니다.

하나님께서 모세에게 하시는 말씀은 이런 내용입니다.

"내가 약속한 대로 너희를 그 땅에 들어가게는 해주겠다. 그러나 나는 함께 가지 않겠다. 거룩한 내가 목이 곧은 너희와 함께 가다가는 너희를 진멸하지 않을 수 없을 테니, 내 천사를 보내어 그 땅 거민을 쫓아내고 너희를 그 땅에 들어가게 해주겠다. 잘 가라!"

물론 하나님은 결국에는 모세의 기도를 들어주셨고, 그들과 함께 가셨으며 그들을 가나안 땅으로 인도해 주셨다는 사실을 우리는 잘 압니다. 그렇다면 지금 같이 가지 않겠다는 말씀을 통해서 하나님은 무엇을 의도하십니까?

"너희에게 중요한 것은 가나안에 들어가는 것이잖아. 너희는 내가 필요한 게 아니지? 어쨌든 너희 눈에 보이는 존재 모세만 있으면 되는 것 아니었어?"라고 말씀하신 겁니다. 하나님은 당신의 임재와 동행을 거두겠다고 하심으로써, 그들에게 있는 문제의 핵심을 정확히 지적하신 겁니다.

동행이 요구하는 거룩

하나씩 차근차근 생각해 보지요. 먼저 생각할 것은 하나님과의 동행입니다. 길따름이의 삶은 하나님과 동행하는 삶입니다. 이것은 이스라엘 백성이 출애굽 과정과 광야 생활을 통해 배워야 하는 중요한 교훈이었습니다.

그들은 각종 재앙과 홍해의 갈라짐 속에서 하나님의 능력을 보았고, 반석을 쳐서 물을 내시는 하나님, 전쟁에서 승리를 주시는 하나님, 막막한 광야 길에서 불기둥과 구름기둥으로 그들을 인도하여 주시는 하나님, 매일 어마어마한 양의 만나를 하늘로부터 공급해 주심으로써 먹이시는 하나님을 경험했습니다. 그들은 매일 하나님의 능력을 새롭게 경험하고 있었습니다. 이 모든 것은 그들과 동행하시는 하나님의 역사였습니다. 심지어 그들은 시내산에서 우레와 번개와 나팔 소리 속에서 친히 말씀하시는 하나님을 경험하기도 했습니다(출 20:18-21). 하나님은 거룩하시기에 그분을 경외해야 한다는 것과 범죄하지 않아야 한다는 사실을 무섭게 깨달았습니다. 하나님과의 동행은 그들의 거룩을 요구한다는 사실을 말입니다.

결혼한 사람이 인생 여정에서 배우자와 동행하려면, 배우자가 싫어하는 일을 피하는 것은 당연합니다. 나아가 배우자가 기뻐하는 것을 즐기는 법도 알아야 합니다. 그러므로 누구와 동행하는가는 어떤 삶을 사는가와 무관할 수 없습니다. 고대 가나안의 다산과 풍요의 신, 바알과 아스다롯을 숭배하는 자들이 신전에서 음란하게 섬겼던 것은 바알과 아스다롯이 그런 성질을 가진 신들이었기 때문입니다.

하나님은 거룩하시기에 하나님과의 동행은 거룩을 요구합니다. 레위기는 "너희는 거룩하라 이는 나 여호와 너희 하나님이 거룩함이니라"(레 19:2)라고 말씀하고, 데살로니가전서는 "하나님의 뜻은 이것이니 너희의 거룩함이라"(살전 4:3)라고 말씀합니다. 하나님과 동행하려면 거룩한 삶을 살아야 합니다.

거룩을 깨뜨리는
우상의 정체

여기서 이스라엘 백성의 거룩을 깨뜨린 요소 하나를 집중해서 살펴보려고 합니다. 그것은 우상입니다. 금송아지로 상징되는 우상 숭배는 하나님의 진노를 불러왔고 하나님은 그들과의 동행을 거절하셨습니다. 금송아지 숭배 사건은 이스라엘이 하나님이 아니라 가나안을 원했다는 것을 분명하게 보여 주었습니다.

그들에게는 하나님과의 동행보다 가나안에 들어가는 것이 중요했습니다. 말하자면, 그들의 우상은 그들의 소원이었고 비전이었고 목적이었습니다. 가나안은 하나님께서 약속하신 땅입니다. 가나안은 비전 혹은 선한 목적이라고 말할 수 있습니다. 그럼에도 불구하고 그 비전이 우상이 되었습니다. 우상이 언제나 나쁘고 악하고 더러운 것이라고만 생각하지 않는 것은 중요합니다. 선하고 좋은 것도 우상이 될 수 있습니다. 가령, 비전이 그렇습니다. 비전과 우상 사이를 가르는 지점은, 하나님보다 비전이 더 소중해지는 순간입니다. 이런 일은 대개 의식적으로 일어나기보다는 무의식적으로 일어납니다.

가나안 입성을 '성공'이라고 해봅시다. 그들이 성공을 원한 것은 나쁜 것이 아닙니다. 그들이 애굽에서 나와 광야를 지나고 있는데 그 광야에서 살다 죽을 것이 아니라면, 가나안 입성이라는 성공을 바랐다는 것은 너무나 당연한 일이 아닙니까? 우리가 예수님의 길따름이로서 천국에 들어가기를 사모하는 것이 문제가 될 수 없는 것처럼 말입니다. 하지만 문제가 된다면 그것은 어떤 경우이겠습니까?

존 번연의 『천로역정』 등장인물 중에 '유순 씨(Mr. Pliable)'가 생각납니다. 그는 처음에 영적 실재인 천국에 대하여 큰 관심과 대단한 열성을 보였습니다. 하지만 절망의 늪에 빠지자, 즉 어려움이 닥치자 모든 것이 무너지고 맙니다. 그러고는 화를 내면서 돌이켜 집으로 돌아가고 말지요.

그가 가진 문제는 영적 실재를 현세적 행복의 개념으로만 생각했다는 겁니다. 그는 하나님보다 천국을, 하나님의 임재보다 자기가 원하는 행복을 더 사랑했습니다. 게다가 천국이라는 영적 실재를 현세적 행복의 관점으로만 바라보았습니다. 하지만 그가 천국이라는 용어를 사용하는 한, 그의 신앙의 참모습은 드러나지 않을 수 있습니다. 이런 사람은 한때 좋은 신앙의 소유자로 보이기도 하지만, 고난과 어려움이 닥치면 무너져 버리고 맙니다. 유순 씨에게 천국은 우상이었던 것입니다.

지금 이스라엘 백성의 문제가 그와 조금도 다르지 않습니다. 그들에게 가나안은 하나님께서 약속하신 땅, 하나님의 임재가 있으며 하나님께서 통치하시는 나라, 그 백성이 되는 것을 의미하지 않았습니다. 그들에게 가나안은 자신들이 주인이 되는 땅, 배부르게 먹고 누울 수 있는 곳일 뿐이었습니다. 배부름과 편안함이 나쁘거나 악한 것이 아닙니다. 예수 믿고 사는 삶은 가난하고 불편해야 한다는 말도 아닙니다. 배부르든지 배고프든지, 부하든지 가난하든지, 그 가치보다 더 중요한 것이 있다는 것입니다. 그것은 바로 하나님의 임재이고 하나님과의 동행입니다. 길따름이의 여정에서 이보다 중요한 것은 없습니다.

거룩을 깨뜨리는 우상의 정체는 분명합니다. 우리가 바라고 생각하고 기대하고 원하는 것들과 관계가 있습니다. 어떤 이들에게 그것은 '교회의 성장'일 수 있습니다. 교회의 성장은 나쁜 것이 아닙니다. 복음은 더 널리 전파되어야 하고 교회는 성장해야 하며 하나님 나라는 확장되어야 합니다.

그러나 하나님보다, 하나님의 임재와 동행보다 교회 성장이 더 중요해지면 그것은 우상이 되고 맙니다. 그렇게 성장한 교회는 결국 금송아지에 지나지 않은 것이고, 그런 교회에서는 금송아지 숭배가 집단적으로 일어나게 됩니다. 그리고 우상 숭배자들은 그들이 섬기는 우상을 닮아가게 됩니다. 먼 나라 이야기가 아닙니다. 이 땅, 우리 주변의 수많은 교회에서 흔히 일어나는 일입니다.

교회는 함께 모여 예배드리고 아이들을 교육하며 성도의 사귐을 풍성하게 가질 수 있는 공간인 건물을 필요로 합니다. 그것을 절실히 원하고 바라기도 합니다. 하지만 이것도 우상이 될 수 있습니다. '어떤 교회가 될 것인가' '우리가 어떻게 거룩하신 하나님과 동행하는 믿음의 공동체가 될 것인가' '어떻게 거짓 없는 사랑으로 주 예수님의 길따름이가 될 것인가' '어떻게 서로를 더 사랑하는 공동체가 될 것인가'를 고민하고 기도하고 씨름하는 것보다 교회당 건물이 당신의 마음을 더 사로잡는다면, 언제라도 그것은 우상이 되는 것입니다. 이 땅에는 하나님이 계시지 않은 멋진 교회당 건물들이 얼마나 많겠습니까? 아름답게 건축된 거대한 예배당에 모인 사람들을 향해 "나는 너희와 동행하지 않으리니 너희는 목이 곧은 백성이기 때문이다"라는 말씀을 듣는 것은 얼마나 두려운 일입니까?

당신이 개인적으로 혹은 가정이나 사업이나 직장과 관련해서 하나님께 구하고 바라는 것은 무엇입니까? 그것들을 간절히 구하는 동안 "하나님, 주님의 길을 따라가는 제 인생에 언제나 저와 동행해 주세요"라는 간구를 놓치고 있지는 않습니까? 하나님께서 함께 계시지 않아도, 그것이 주어지기만 하면 내 인생이 행복할 것이라고 착각하게 하는 것은 그것이 무엇이든지 모두 다 우상이며, 그것 때문에 하나님은 우리와 동행하실 수 없다는 사실을 알아야 합니다.

"내가 동행하지 않겠지만, 너희가 원하는 성공은 보장하마!"라고 말씀하신 하나님은 이스라엘 백성의 마음 중심에 무엇이 있는지를 꿰뚫어 보셨습니다. 거기에는 가나안이라는 성공의 우상이 있었던 것이지요. 그리고 그 우상 때문에 하나님은 그들과 동행하지 않겠다고 말씀하신 것입니다.

회개

하나님의 준엄한 말씀을 들은 백성은 슬퍼하여 몸을 단장하기를 거절하였습니다. 하나님의 말씀대로, 그들은 몸에서 모든 장신구를 떼어냈습니다. 거룩하신 하나님께서 진멸하겠다고 하시는데, 장신구 따위가 무슨 의미가 있겠습니까? 장신구는 값나가는 것들이기에 은근히 믿고 의지하는 구석일 수도 있고, 자신을 치장하는 도구가 되기도 합니다. 그들이 장신구를 떼어냈다는 것은 회개를 보여 주는 사인입니다.

"길따름이로 살아가는 제 인생에 가장 중요한 것은 하나님의 임재이고, 하나님과 일평생 동행하는 것입니다"라는 고백을 한다면, 우리가 오늘 떼어내야 하는 장신구는 무엇이겠습니까? 나의 자신만만함의 근거는 무엇입니까? 정말 우리는 아무것도 아닌 존재가 아닙니까? 하나님께서 함께하시지 않는다면 우리는 그저 더러운 냄새를 풍기는 비루한 죄인일 뿐입니다. 우리는 그런 존재입니다. 자신이 도덕적이고 성공적 삶을 살아간다는 것 또는 사람들이 자신을 인정하고 알아주는 것이 무슨 의미가 있습니까?

저에게는 한 가지 중요한 가치가 있습니다. 양떼에게 신실하게 말씀을 먹이는 좋은 목사가 되는 것, 교인들의 존경과 사랑을 받으며 그들을 사랑하는 목사가 되는 것입니다. 하지만 실제로 하나님과 동행함이 없다면 이런 것이 다 무슨 의미가 있겠습니까?

자신이 속한 교회에 대한 자부심을 가진 분들을 만날 때가 있습니다. 그러나 '우리 교회는 바른 복음을 전해', '우리 교회는 어려운 시기에도 꾸준히 성장하는 교회지'라는 자부심도 때로 우상이 될 수 있습니다.

하나님께서 이렇게 말씀하신다고 가정해 봅시다. "너희가 예배당을 간절히 원하고 있으니 올해가 가기 전에 아주 편안하고 쾌적하고 넓은 예배당을 허락해 주마. 내가 천사를 보내서 그 일을 이루도록 해주겠다. 하지만 나는 교만한 너희와 같이 갈 생각이 없다."

하나님께서는 우리 각 사람이나 교회가 원하고 간절히 바라는 것들을 주실 수 있습니다. 하지만 하나님께서 우리에게 직접 이토록 준엄한 말씀을 하시기 전에, 솔직하게 생각해 봅시다. '내가 가장 간절히 바라는 것은 성공이나 성취가 아니라, 하나님의 임재이고 하나님과 동행하는 것인가?'

자, 이제 장신구를 내려놓을 시간입니다. 하나님보다 더 원했던 모든 것을 회개합시다. 저는 하나님께서 함께 계시는 것을 당연시한 채로, 예배당을 구했던 것을 회개하려고 합니다. 하나님께서 동행하시는 것을 당연하게 여기고, 교회가 평안하기를 바랐던 것을 회개하려고 합니다. 신실하게 말씀을 전하여 양떼를 먹인다고 인정받는 목사보다 하나님과 동행하는 목사 아니 하나님과 동행하는 그리스도인이 되기를 원한다고 주님께 말씀 드리겠습니다. 당신은 어떤 장신구를 내려놓겠습니까?

여호와를 앙모하는 자

모세가 취한 행동을 주목해 봅시다. 그에게는 평상시 기도의 자리가 있었습니다. 모세가 기도하는 자리는 진영 바깥에 친 장막이었는데, 하나님을 만나는 천막이라고 해서 '회막(tent of meeting)'이라고 불렀습니다. 모세는 바로 그 회막으로 나아갔고 (출 33:8) 그때 일어난 일을 성경은 이렇게 쓰고 있습니다.

여호와를 앙모하는 자는 다 진 바깥 회막으로 나아가며 출 33:7

백성들은 모세가 회막으로 들어갈 것을 알았습니다. 여기서 "여호와를 앙모하는 자"들이 있었다는 사실이 중요합니다.

이스라엘 모든 백성이 다 여호와를 앙모한 것이 아닙니다. 특별히 "여호와를 앙모하는 자"들이 있었습니다. '앙모한다'는 히브리어는 '구하다, 찾다, 갈망하다'라는 뜻입니다. 그들은 자신들이 성공이 아니라 하나님을 구해야 한다는 사실을 알았던 사람들입니다.

물론 모세가 회막에 들어가 간구한 내용은 "하나님 없는 성공은 바라지 않습니다. 하나님께서 동행하지 않으시면 가나안에 들어가지 않겠습니다. 한 걸음도 움직일 생각이 없습니다. 저와 같이 가 주세요"라는 것이었습니다. 그리고 그는 이렇게 기도합니다.

주의 영광을 내게 보이소서 출 33:18

이것은 모세가 드린 간구의 절정입니다. 이것이 "여호와를 앙모하는" 태도입니다. 당신은 "여호와를 앙모하는 자"입니까? 바라고 원하는 어떤 성공이나 성취보다 하나님을, 하나님과의 동행을 더 간절히 원하고 갈망합니까? 저는 당신이 "여호와를 앙모하는 자"가 아닐 수 있다는 사실이 두렵습니다. 그러나 저는 당신이 "여호와를 앙모하는 자"이기를, "여호와를 앙모하는 자"가 되기를 바랍니다. 여호와를 앙모하는 것은 길따름이의 특성입니다.

길따름이는 성공이나 성취보다 하나님이 더 소중하다고 고백하며, 평생에 하나님이 동행해 주시기를 구하는 사람입니다. 이 준엄한 하나님의 말씀 앞에서 성공이 아니라 하나님과의 동행을 구하는 거룩한 성도가 되기를 바랍니다. 여호와를 앙모하는 자, 여호와를 구하고 여호와를 바라고 여호와를 갈망하는 길따름이가 되기를 바랍니다.

4장

성품

: 주님을 닮아가는 것이 왜 이리 더딘가?

길따름이의 삶에서 날마다 중요한 것은
'오늘 주님 안에 거하는 것'입니다.
매 순간 하나님의 사랑을 받는 존재라는 사실을 알고 살아갈 때,
우리는 사랑이신 그분을 드러낼 수 있습니다.

예수님을 믿는 삶에서 당신을 가장 고심하게 하는 것은 무엇입니까? 기도 응답이 잘 안 이루어지는 것입니까? 기도할 때 하나님을 느낄 수 없는 것입니까? 매일 경건의 습관에서 실패하는 문제입니까? 기도를 하지만, 마음을 쏟아붓지 못하는 문제입니까? 사람을 사랑하거나 용서할 수 없는 문제입니까? 교회 안의 형제들과의 사귐에서 자신을 오픈할 수 없는 문제입니까? 혹은 오래 믿었으나 여전히 어린 아이 같은 수준에 머물러 있는 답답함입니까?

이 질문들은 이렇게 표현할 수 있습니다. 나는 분명히 구원받은 하나님의 자녀인데, 주님을 닮아가는 일은 왜 이리 더딘가? 믿음으로 의롭다 함을 받았는데, 하나님 아들의 형상을 닮아가는 성화는 왜 이렇게 더딘가?

신앙생활에서 이런 질문을 갖는 것은 나쁜 일이 아닙니다. 이런 질문들을 품는 것은 오히려 신앙을 진지하게 여긴다는 증거이고, 우리의 영적 성장과 성숙에도 유익합니다.

신앙의
질문들

그러나 이 질문들은 딱 떨어지는 답이나 기가 막힌 교리적 설명으로 단번에 해결될 수 있는 것이 아닙니다. 배운 말씀과 교리의 설명이 아무리 바르고 훌륭해도 시간이 지나야 깨닫게 되는 것이 적지 않습니다. 하지만 중요한 것은 그 설명이 성경적으로 옳아야 한다는 사실입니다.

만일 잘못된 설명을 가지고 있다면, 시간이 흐를수록 더 나빠질 수밖에 없습니다. 이런 사례는 너무나 많습니다. 성경에 근거하지 않은 잘못된 설명에 노출되어 그것을 붙들고 살아가는 것은 슬프고도 고통스러운 일입니다. 그럼에도 주님의 기름 부음이 있는 성도들은, 진리를 벗어나지 않도록 성령님께서 지키신다는 말씀은 큰 위로가 아닐 수 없습니다(요일 2:20,27). 하지만 이것이 진리를 알고 진리 가운데서 행해야 하는 우리의 책임을 면제시키지는 않습니다.

앞에서 던진 많은 질문을 다 다루려는 것은 물론 아닙니다. 길따름이라는 큰 주제 아래, 이번 장에서 우리가 생각할 것은 '성품'입니다. 그리스도의 길따름이로 살아가며 세월을 지날 때, 우리 안에서 그리스도의 아름다우신 성품이 빚어지고 그 형상을 점점 더 닮아가는 변화가 일어나고 있는가? 길따름이는 그 여정에서 어떻게 주님의 아름다우신 덕과 성품을 닮아가는가? 이 변화는 우리 노력의 산물인가, 성령님의 역사인가? 이런 문제들을 성경에 근거하여 바르게 이해하는 것은 길따름이의 삶에서 너무나 중요합니다.

구멍 난 그리스도인의 성품

케빈 드영은 『구멍 난 거룩』에서 거룩에 구멍이 난 이유를 세 가지로 지적합니다.[1]

첫째, 거룩해지려는 것은 율법주의자나 근본주의자 같은 구닥다리라는 낙인이 찍히는 분위기 때문이고 둘째, 교회 안에 거듭나지 않은 사람이 많기 때문이며 셋째, 복음은 규율이나 의무 사항들을 강조하지 않는다는 잘못된 인식 때문이라고 말합니다.

하나님께서 우리를 구원하신 목적은 "그 아들의 형상을 본받게 하기" 위한 것이라고 성경은 분명하게 말씀합니다(롬 8:29). 그러므로 거룩을 진지하게 받아들이는 것은 길따름이에게는 지극히 당연하고도 성경적인 태도입니다. 그럼에도 예수 믿고 구원받아 천국 백성이 된다는 점만큼이나, 길따름이가 이 땅에서 어떤 존재가 되어야 하는가에 대해서는 많이 말하지 않고, 관심이 적은 것도 사실입니다. 달라스 윌라드는 이렇게 말합니다.

> 현재 복음주의권의 구원 이해는 평범함을 넘어 도덕적으로 변화된 삶과는 본질적으로 연관이 없다. 복음주의자들은 그들이 '회심'이라고 부르는 것에는 유능하다. 하지만 그 뒤의 일에는 유능하지 못하다. 그들이 복음으로 선포하는 바가 인격 변화와 반드시 연관되는 것은 아니기 때문이다.[2]

정말 뼈아프게 들리는 말입니다. 이 현상은 단지 복음주의권의 문제라기보다, 개혁주의 안에서 더 심각해 보입니다. 성경이 말하는 구원은 전인적이며, 현세와 내세를 포함하는 개념입니다. 우리는 영혼만 구원받는 것이 아니라 몸도 구원을 받습니다. 성경은 우리 몸이 우리 것이 아닌 성령님이 거하시는 성전이기에 몸으로 범하는 죄를 금하며 몸으로 하나님께 영광을 돌리라고 가르칩니다(고전 6:18-20). 또한 구원은 죽은 뒤에 받아 누리는 것만이 아니라 예수 그리스도를 나의 구주와 주님으로 믿는 순간 이 땅에서 시작됩니다. 구원받은 이후 이 땅에서 성령님은 성도 안에서 성화의 구원을 이루어 가십니다. 물론 구원은 사람의 노력과 행위로 얻는 것이 아니지만, 성경이 가르치는 구원은 이와 같이 총체적이라는 사실을 깊이 생각해야 합니다. 이런 맥락에서 성품 혹은 영적 성숙의 문제를 살펴보려고 합니다.

영적 변화인가, 도덕적 변화인가?

제일 먼저, 영적 성숙이 도덕적 성숙과는 다르다는 점을 주목하려고 합니다. 영적 성숙은 도덕적 성숙을 포함하지만, 이 둘은 동일시될 수 없습니다. 도덕적 성숙이 도덕적 변화와 갱신을 위한 의지적 노력의 결과라면 영적 성숙은 그리스도에 대한 의존, 신뢰, 연합을 통하여 성령님께서 주도하셔서 이루시는 결과이기 때문입니다.

여기서 우리는 신앙의 원리를 예민하게 잘 세울 필요가 있습니다. 영적 성숙을 도덕적 성숙으로 오해하면, 의지적 노력으로 덕과 성품을 쌓으면 쌓을수록 주님의 길과는 다른 길로 갈 수밖에 없습니다. 도덕적으로 훌륭해지고 그것을 스스로가 의식할수록 하나님의 은혜에서 멀어지는 결과를 낳게 된다는 말입니다. 영적 성숙을 도덕과 동일시하면, 신앙 교육과 영적 형성을 도덕 교육으로 오해하게 되고, 이것은 그리스도인의 삶의 본질에 대한 심각한 오해를 가져오게 됩니다. 주님의 말씀을 들어 보십시오.

> 내 안에 거하라 나도 너희 안에 거하리라 … 내가 아버지의 계명을 지켜 그의 사랑 안에 거하는 것 같이 너희도 내 계명을 지키면 내 사랑 안에 거하리라 요 15:4-10

주님께서 여기서 강조하신 것은 "내 안에 거하라"는 것이고, "내 사랑 안에 거하라"는 것입니다. 이 말씀에서 긍정, 부정의 형식으로 주님은 '내 안에 거함'을 다섯 번이나 말씀하셨고(4,5,6,7절), "내 사랑 안에 거하라"고 두 번을 말씀하셨습니다(9,10절). 맥락을 보십시오. 주님은 열매를 말씀하십니다. 요한복음 15장 1-8절에서 "열매"는 여섯 번 나옵니다.

주님의 이 말씀은 포도나무와 가지의 비유입니다. 가지가 나무에서 잘려 나가면 열매를 맺는 일은 불가능합니다. 가지는 그 스스로 열매를 맺을 능력이 없습니다. 그래서 주님은 "나를 떠나서는 너희가 아무것도 할 수 없음이라"라고 말씀하십니다(요 15:5).

이것은 인간의 자아를 거스르는 말씀입니다. 우리는 베드로와 제자들이 언제나 주님의 이 말씀과 부딪혔다는 사실을 압니다. 그들은 "우리가 목숨을 바치겠다"고 말했습니다. 그들은 자신들을 믿었습니다. 무언가 할 수 있다고 생각했습니다. 주님의 이 말씀은 인간이 상식적이고 도덕적인 어떤 일도 할 수 없다는 뜻이 아닙니다. 사람이 주님을 떠나서는 하나님께서 바라시는 열매를 맺을 수 없다는 뜻입니다. 주님을 떠나서는 영적 열매 곧, 영원하고도 하늘에 속한 것을 만들어 낼 수 없다는 의미입니다. 그래서 열매를 맺으려면 가지는 나무에 붙어 있어야 하고, 우리는 주님 안에 거해야 합니다.

도덕적 변화를 위해서, 더 나은 사람이 되기 위해서 열심히 노력하라는 말씀이 아닙니다. 우리가 맺어야 하는 열매는 영적 성숙, 예수님을 닮은 성품이라고 말씀하십니다. 이것이 '내 안에 거함'으로써 맺는 열매라는 겁니다. 저는 이것을 종종 '경건한 어른이 되는 것'이라고 표현해 왔습니다.

하나님을 정말 아는 사람, 상한 심령으로 하나님께 나아갈 줄 아는 사람, 자기 자신보다 그리스도께 푹 빠지는 법을 아는 사람, 자아를 찾는 것보다 그리스도를 아는 일에 더 관심을 두는 사람, 거룩하게 자라가는 사람, 사람들에게 열심과 뜨겁게 타오르는 듯한 인상을 주려고 애쓰지 않는 사람, 자신의 내면과 사람들 앞에서 드러나는 모습의 차이를 깨뜨리고 정직하게 자기 자신이 되는 사람, 얄팍한 프로그램이나 행사로 자기를 드러내지 않는 사람, 행동뿐 아니라 존재감으로 주님을 향한 마음을 느끼게 해주는 사람, 인생에서 심지어 교회에서조차 이리 치이고 저리 치이느라 한 번도 그리스도의 모습을 생각할 수 없었던 사람들에게 경건한 영향력으로 다가오는 사람, 이런 사람이 내가 말하는 '경건한 어른'이다.[3]

경건한 어른은 결단하고 열심히 노력하기만 하면 이루어지는 것이 아닙니다. 다시 말하지만, 영적 성숙과 도덕적 성숙을 구별해야 합니다.

내 안에 거하라

열매를 맺으려면 주님 안에 거해야 합니다. 즉, 삶에서 영적 성숙이라는 열매를 얻는 길은 주님 안에 거하는 길밖에 없다는 겁니다. 사실 그리스도인은 이미 믿음으로 그리스도와 연합한 사람입니다(롬 6:3-8). 주님은 지금 이 말씀을 대중에게 하시는 것이 아니라 당신의 제자들 그것도, 가룟 유다가 떠난 후 11명의 제자들에게 하고 계십니다. 그러니 이 말씀은 "이미 너희는 내 안에 있는 자들이니 계속해서 매일 매 순간 내 안에 거하라"는 뜻으로 이해할 수 있습니다. 그렇다면, 질문은 이겁니다.

'어떻게 우리는 주님 안에 매일 매 순간 거할 수 있는가?'

주님과 소통하는 삶

하나님의 말씀에 귀를 막거나 주의하지 않고 주님 안에 거할 수는 없습니다. 또 주님께 내 마음을 쏟아 놓지 않는다면 어떻게 주님 안에 거한다고 할 수 있겠습니까? 부부가 연합하여 한 몸이라고 할 때, 부부 사이에 소통이 없다면 어찌 서로가 서로 안에 있는 것이겠습니까?

> 너희가 내 안에 거하고 내 말이 너희 안에 거하면 무엇이든지 원하는 대로 구하라 그리하면 이루리라 요 15:7

주님께서 "내 안에 거하라"고 하실 때, 매일 매 순간 주님의 말에 귀를 기울이고 주님께 마음을 쏟아 놓으라고 말씀하시는 겁니다. 이것이 그리스도와의 연합을 누리는 삶입니다. 성령님께 철저하게 의존하지 않고서는 그리스도와의 연합을 누리는 삶으로 들어갈 수 없습니다. 하나님께서 주신 은혜의 통상적인 수단인 말씀과 기도, 성례를 사용하는 것은 곧 성령님께 의존하는 태도입니다. 성령님을 의지하지 않고 수단 자체를 의존하지 않도록 주의해야 합니다.

의존하는 삶

달리 말해서 "내 안에 거하라"는 주님의 말씀은 의존하는 삶을 살라는 것입니다. 우리는 주님을 떠나서 아무것도 할 수 없습니다. 포도나무에서 떨어진 가지가 열매를 낼 수 없듯이 말입니다. 이것을 인정해야 합니다. 그렇다면 우리 삶의 태도는 철저하게 주님을 의지하게 될 것입니다. 자율이나 자립이 설 자리는 없습니다. 아무도 인생에서 홀로 설 수 없습니다. 겸손은 참된 그리스도인, 길따름이의 경건을 떠받치는 깊은 강입니다. 고든 스미스의 말입니다.

> 겸손함 없이는 거룩함도 없다. 거룩함에 대한 위협은 교만 하나밖에 없다. 자율과 자립이라는 교만이다. 우리는 자립에서 믿음으로, 교만에서 약함으로 돌아선다.[4]

이 얼마나 우리 인간의 본성을 거스르는 말입니까? 우리는 자립을 원하고, 강함을 선호합니다. 하지만 주님 안에 거하는 삶은 믿음 곧 의존의 삶이고, 자신의 약함을 인정하는 삶입니다. 죄인의 심령이 복음을 적대하는 지점이 바로 여기입니다. 우리가 선호하고 추구하는 강함과 자립과 자율은 하나님 없는, 하나님을 떠난 인생이 보여 주고 싶어하는 성향입니다. 속마음은 한없이 연약한데 사람들 앞에서는 강한 척하려는 아이처럼 말입니다.

그러나 주님의 사랑을 받아 본 사람은 그 자기 방어의 방패를 내려놓습니다. 더 이상 강한 척해야 할 이유가 없습니다. 그는 이제 사랑받을 줄 아는 사람이 됩니다. 의존하는 믿음과 약함을 인정하는 겸손이 삶의 태도가 됩니다. 더 부드러워집니다. 믿음과 겸손은 그리스도 안에 거하는 사람이 지닌 삶의 표지입니다.

내 사랑 안에 거하라

이제 주님의 두 번째 말씀으로 가려고 합니다. 그것은 "내 사랑 안에 거하라"는 것입니다. 우리는 굳이 "내 안에 거하라"는 말씀과 "내 사랑 안에 거하라"는 말씀을 구분해야 할 필요가 없을지 모릅니다. 주님 안에 거하는 것이 곧 주님의 사랑 안에 거하는 것이기 때문입니다. 그러나 주님은 이렇게 구분해서 말씀하십니다. 이유가 없지 않을 것입니다.

사실, 이 말씀은 믿기 힘들 만큼 너무 좋은 말씀이 아닙니까? 이 말씀을 하신 분은 주님이십니다. 성부 하나님께서 성자 예수 그리스도를 사랑하신 것 같이, 예수님께서 우리를 사랑하고 계시니 마음 놓고 예수님의 사랑 안에 거하라는 말씀이 아닙니까? 그분은 전능하신 하나님이시고 그 사랑은 부족함이 없고 측량조차 할 수 없는 완전한 사랑이 아닙니까? 주님의 그 사랑을 받을 수만 있다면, 더 이상 사랑에 굶주릴 수 없지 않겠습니까? 예수님께서 하나님 아버지의 사랑에 만족하셨기에 십자가의 길을 걸어가시면서도 평정심을 잃지 않으실 수 있었고, 아버지의 뜻에 완전히 자신을 내어 맡기실 수 있었던 것 아닙니까? 그 예수님께서 이제 동일한 사랑으로 우리에게 말씀하십니다. "내 사랑 안에 거하라."

순종이 주는 기쁨

다시 우리는 이렇게 묻습니다. "주님, 저는 주님의 사랑 안에 거하고 싶습니다. 그런데 어떻게 주님의 사랑 안에 거할 수 있습니까?" 주님의 대답이 무엇이죠? "내가 아버지의 계명을 지켜 그의 사랑 안에 거하는 것 같이 너희도 내 계명을 지키면 내 사랑 안에 거하리라"(요 15:10). 그것은 계명을 지키는 것입니다! 순종입니다.

순종이야말로 주님의 사랑 안에 거하는 방법입니다. 당신은 순종이 주는 기쁨을 알고 있습니까? 하나님을 기쁘시게 하는 사람의 마음에 채워지는 거룩한 기쁨을 경험해 본 일이 있습니까? 주님께서 "내 기쁨이 너희 안에 있어 너희 기쁨을 충만하게 하려 함이라"고 하실 때(요 15:11), 바로 이 순종의 기쁨을 말씀하시는 것입니다. 이렇게 순종과 사랑, 사랑과 순종은 끊어질 수 없는 길따름이의 본질입니다. 이것을 율법주의라고 말하지 않습니다. 왜냐하면 사랑이 순종을 가능하게 하기 때문입니다.

서로 사랑하라

주님께서 지키라고 하시는 그 계명이 무엇입니까? "내 계명은 곧 내가 너희를 사랑한 것 같이 너희도 서로 사랑하라 하는 이 것이니라"(요 15:12). 주님의 계명은 서로 사랑하라는 것입니다. 이것은 이미 요한복음 13장 34-35절에서 "새 계명"으로 말씀하신 것이기도 합니다. 요한일서에서 보듯이, 형제 사랑은 우리가 하나님의 자녀라는 사실에 대한 확실한 증거입니다(요일 3:14). 하나님의 자녀는 서로 사랑함으로써 하나님이 사랑이시듯 자신들도 사랑에 속한 자임을 드러냅니다(요일 4:8). 하나님의 성품이 그의 인격 속에서 드러납니다.

사랑받는 존재로
살아가기

주님께서 하신 말씀을 잠깐 정리해 보지요. "내 안에 거하라! 그리고 내 사랑 안에 거하라!" 이 말씀은 우리가 인격 수양이나 의지적 노력으로 고매한 인격이라는 열매를 이룰 것이라는 말씀이 아닙니다. '경건한 어른'이 되는 것은 오직 그리스도 안에, 그 사랑 안에 거할 때 맺히는 열매입니다. 주님의 사랑 안에 거하라는 영광스러운 초대는 하나님 아버지께서 그 아들 예수 그리스도를 사랑하신 그 사랑으로 예수님이 우리를 사랑하신다는 복음의 사실에 근거합니다. 주님은 조금의 의심도 없이 아버지의 사랑을 확신하셨고 누리셨으며 그 확신에 근거해서 죽기까지 순종하실 수 있었습니다. 그 주님이 '내 계명을 지킴으로 내 사랑 안에 거하라'고 하십니다. 서로 사랑하라고 하십니다.

성도가 이 계명에 순종하는 것은 율법주의가 아닙니다. 성도는 예수님의 사랑을 알고, 예수님을 사랑하는 사람이기 때문입니다. 그가 말씀과 기도라는 은혜의 통상적 수단들을 부지런히 사용함으로써 예수님 안에 거하려고 하는 것은 결코 수고로운 율법주의가 아닙니다. 가지가 포도나무에 붙어 있어야만 하는 생존의 방식이기 때문입니다. 이렇게 주님 안에 그리고 주님의 사랑 안에 거하는 삶을 매일 매 순간 경험함으로써, 주님의 길따름이는 열매를 맺습니다. 사랑이신 하나님의 성품과 같은 풍성한 사랑, 은혜가 넘치시는 하나님처럼 은혜가 넘치는 성품, 품이 넓으신 주님처럼 사람들을 품어 주는 가슴을 가지게 됩니다. 자기중심적인 삶에서 벗어난 삶을 경험하기 시작할 것입니다. 이것이 경건한 어른이 되는 것입니다.

길따름이에게 요구되는 것은 오늘 주님 안에 거하는 것입니다. 오늘 주님의 사랑 안에 거하는 것입니다. 성령님을 의지하여 그렇게 하는 것입니다. 주님을 떠나서는 아무것도 할 수 없습니다. 오늘 그렇게 함으로써, 우리는 어느 날 경건한 어른으로 우리를 빚어내신 하나님의 은혜를 보게 될 것입니다.

주님의 이 은혜로운 초대를 생각할 때, 길따름이의 삶에서 제일 중요한 것이 무엇입니까? 매 순간 하나님의 사랑을 받는 존재라는 사실을 알고 사는 것입니다. 사랑받는 존재로 살아갈 때, 사랑받는 자의 힘을 보여 줄 수 있고, 사랑이신 분을 드러낼 수 있습니다. 길따름이의 삶은 그리스도 안에서 드러난 하나님의 사랑에 대한 반응입니다. 길따름이는 하나님의 무한한 사랑, 그리스도 안에서 드러나고 증명된 그 사랑을 받고 또 받으며 사는 삶입니다. 이것이 주님을 사랑하게 하고 주님의 계명에 순종하여 서로 사랑하게 만드는 힘입니다. 이런 힘은 우리 안에서 절대로 그리고 결코 자가 생산되지 않습니다.

예수님을 믿는 삶은 "사랑 가운데서 뿌리가 박히고 터가 굳어지는" 삶입니다(엡 3:17). 길따름이의 삶은 "그리스도의 사랑을 알고 그 너비와 길이와 높이와 깊이가 어떠함을 깨달아" 아는 삶입니다(엡 3:18-19). 그리스도의 사랑에 반응하고 그 사랑으로부터 흘러나오는 사랑을 표현합니다. 성령님께서 이 일을 성도 안에서 주도적으로 행하십니다. 로마서 5장 5절을 보지요.

> 소망이 우리를 부끄럽게 하지 아니함은 우리에게 주신 성령으로 말미암아 하나님의 사랑이 우리 마음에 부은 바 됨이니 롬 5:5

성령으로 말미암아 하나님의 사랑이 우리 마음에 부어졌다고 말씀합니다. 하나님의 사랑은 예수 그리스도의 십자가에서 확증되었습니다(롬 5:8). 그 어마어마한 사랑이 우리 마음에 부어진 것은 성령으로 말미암은 일입니다. 그래서 신자는 성령님께 철저하게 의존하지 않고서는 주님 안에 거할 수 없고 그 사랑 안에 거할 수도 없습니다. 그래서 길따름이는 성령을 따라 행해야 한다고 말씀합니다(갈 5:16).

19세기 말에 찰스 셀던이 쓴 세기적 베스트셀러가 있습니다. 『예수님이라면 어떻게 하실까』입니다. 저도 중고등학교 시절 이 책을 읽고 받았던 감동을 잊을 수 없습니다. 그런데 사실 영적 성숙, 주님의 성품이 우리 안에 이루어지는 것은 "예수님이라면 어떻게 하실까?"와 같은 질문을 던지고 개인적으로 어떤 행동을 하는 결과로 나타나지 않습니다. 이 결단은 훌륭한 것임에도 불구하고, 많은 경우 좌절감을 가져다줍니다. 결단은 고상하나 실패할 수밖에 없는 것이 사람이기 때문입니다.

핵심은 주님 안에 거하는 것입니다. 그 사랑 안에 거하는 것입니다. 이것은 당신이 성공했을 때만이 아니라, 실패하고 넘어졌을 때조차 당신을 품어 주시는 주님의 은혜와 사랑에 감격하게 하고, 그 감격으로 당신을 빚으시는 성령님의 역사가 끊이지 않는 삶입니다. 당신이 주님과 연합한다는 것은 당신의 행위의 결과가 아니었습니다. 당신이 실패자요 파산자임을 고백하고 그리스도를 믿고 의지할 때 일어난 일입니다. 그리고 계속해서 그렇습니다.

주님은 당신이 성공적으로 주님의 계명에 순종할 때만 당신을 더 사랑하시는 게 아닙니다. 이미 사랑하셨고 지금도 그러하며 영원히 사랑할 것이라고 말씀하십니다. 당신이 충족시켜야 하는 조건과 무관하게 말입니다. 이미 그 사랑은 십자가로 증명되었고 보장되었기 때문입니다. 이 사랑 안에서 살아갈 때, 우리 안에서는 점점 그분의 아름다우신 성품이 만들어질 것입니다. 길따름이는 변함없이 사랑받는 존재로 살아가는 사람입니다. 주님께서 말씀하십니다. "지금 네 모습 그대로 내게로 와서 내 안에 거하라. 내 사랑 안에 거하라"고 말입니다.

5장

마음

: 마음을 지킨다는 것은 어떻게 가능한가?

신앙은 어떤 노력도 없이 시간만 지나면 자동으로 깊어지고
성숙해지며 풍성함을 경험하게 되는 것이 아닙니다.
날마다 하나님 앞에서 마음을 살피고 지키는 일에
일정한 시간을 써야 합니다.

당신의 마음은 온전합니까? 웨스트민스터 대요리문답 1문은 "사람의 첫째가며 가장 높은 목적은 하나님을 영화롭게 하고 마음을 다해 하나님을 영원토록 즐거워하는 것"이라고 가르칩니다. 대요리문답 1문은 마음이 온전하다는 것을 "마음을 다해 하나님을 영원토록 즐거워하는 것"이라고 하는 것입니다.

성경은 "여호와의 눈은 온 땅을 두루 감찰하사 전심으로 자기에게 향하는 자들을 위하여 능력을 베푸시나니"(대하 16:9)라고 말씀합니다. 전심으로 즉 온 마음을 다해 하나님을 향하는 사람처럼 복된 사람은 없습니다. 생명의 근원이 마음에서 나오기 때문입니다. "모든 지킬 만한 것 중에 더욱 네 마음을 지키라 생명의 근원이 이에서 남이니라"(잠 4:23).

문제는 마음입니다.

문제는 '마음'이다

우리의 현실을 생각해 보지요. 20세기 전반기 영미권 교회들을 향한 아더 핑크의 지적입니다.

주위를 둘러보면 열심히 달리는 사람은 많지만 정작 목표를 향해 뛰는 이는 거의 없습니다. 구원을 말하는 사람은 많지만 구원의 기쁨을 누리는 자는 극히 드뭅니다. 경건의 모양은 넘치지만 경건의 능력은 희박합니다. '경건의 능력'이란 우리를 세상과 구별되고, 이기적인 삶에서 벗어나게 하며, 사탄의 공격을 막아주고, 죄를 싫어하게 하고, 그리스도를 사랑하게 하며, 악한 오류에서 벗어나게 하고, 진리를 소중히 여기도록 하는 것입니다. 이 하나님의 능력을 체험한 사람이 요즘은 너무 드뭅니다. 날마다 자신을 부인하고 자기 십자가를 지고 그리스도를 좇는 자는 어디 있는 걸까요? 그리스도를 위해 수치와 모욕과 핍박을 두려워하지 않는 자는 어디 숨어 있나요? 매일 하나님께서 기도에 응답해 주시고 기꺼이 힘과 능력을 보여 주시는 자는 도대체 어디 있단 말입니까?[1]

우리가 살아가는 21세기 한국 교회는 크게 다르다고 말할 수 있습니까? 한국 교회는 능력을 잃어버린 교회라고 말하지 않을 수 없습니다. 그저 하나님의 말씀 대신 인간의 말을 전하는 교회만을 염두에 둔 말이 아닙니다. 좋은 말씀을 듣고 바른 교리를 배우고 주님을 위한 많은 수고가 있음에도 불구하고 능력을 잃어버린 교회가 된 데에는 어떤 이유가 있습니까?

당신의 삶을 놓고 생각해 보십시오. 당신은 그 능력을 경험하며 살아가는 신자입니까? 저는 거짓 신자에게 묻는 게 아닙니다. 참신앙을 가진 신자임에도 불구하고 능력을 잃어버린 신자로 살아가고 있다면 그 이유는 무엇입니까?

하나님은 마음에서 생명의 근원이 나온다고 하십니다. 이 말씀은 마음을 지키는 일은 생명을 지키는 일이고, 삶의 전부를 지키는 일이라는 뜻입니다. 마음이 하나님의 말씀을 담는 보고(寶庫)이기에 그 누구도, 또는 그 무엇도 당신의 마음을 열고 그 안에 담긴 하나님의 말씀을 빼앗아 가지 못하게 하라는 말씀으로 들립니다. 영적인 능력도 마음으로부터 나옵니다. 마음을 지키는 일에서 실패하면 영적 능력을 상실할 수밖에 없습니다. 아더 핑크는 이렇게 도전합니다.

냉랭하고 세속적이고 죽어 있는 당신의 마음 때문에 눈물 흘린 적이 한 번이라도 있습니까? 마음을 지키고 청소하고 개선하려고 단 5분이라도 투자한 적이 있습니까?[2]

청교도 존 플라벨(1628-1691)의 말도 인용하겠습니다.

느슨하고 부주의한 영혼으로, 되는 대로 종교의 의무를 해치운다면 아무런 수고를 지불하지 않아도 됩니다. 하지만 주님 앞에서 우리의 마음을 추스르고, 느슨하고 헛된 생각들을 단단히 묶어서 지속적이면서도 엄숙하게 주님을 섬기려면 상당한 대가가 수반됩니다. 기도할 때 솜씨 좋게 유창한 언어를 쓰면서 적절하고도 적당한 표현으로 원하는 것을 담아내는 건 쉽습니다. 하지만 죄를 고백하면서 그 죄 때문에 마음이 무너지는 것, 값없이 받은 은혜 때문에 하나님께 감사하며 그 은혜에 마음이 녹아내리는 것, 하나님의 무한하신 거룩하심을 이해하여 진정으로 부끄러워하고 겸손해하는 것, 의무를 마친 후에도 이러한 상태를 유지하기 위해 마음을 지키는 것은 상당한 영혼의 탄식과 해산의 수고를 치르게 합니다. 믿음이 없거나 육에 속한 사람들도 일반적인 법칙에 따라 그렇게 할 수 있습니다. 하지만 내부에 있는 부패의 뿌리를 죽이고, 우리의 생각 위에 거룩한 지배권을 세우고 유지하며, 마음속의 모든 것을 가지런하게 만들고 질서를 갖추는 일은 결코 쉽지 않습니다.[3]

우리는 이 중차대한 주제, 마음 또는 마음을 지키는 것에 관한 주제를 생각할 텐데 특별히 다윗의 삶을 통해 살펴보겠습니다.

마음을 지킨 사람, 다윗

다윗은 하나님께서 '내 마음에 맞는 사람'이라고 표현한 유일한 사람입니다. 사무엘 선지자는 사울의 왕위를 폐하고 하나님께서 새로 세우실 왕 다윗을 이렇게 표현했습니다.

> 지금은 왕의 나라가 길지 못할 것이라 여호와께서 왕에게 명령하신 바를 왕이 지키지 아니하였으므로 여호와께서 그의 마음에 맞는 사람을 구하여 여호와께서 그를 그의 백성의 지도자로 삼으셨느니라 하고 삼상 13:14

어떻게 하면 하나님께서 "마음에 맞는 사람"이라고 말씀하시게 할 수 있습니까? 구약 성경에서 왕, 특히 유다 왕들의 역사를 읽을 때마다, 하나님께서 왕들을 평가하시는 기준이 다윗이라는 사실을 보게 됩니다. 하나님은 솔로몬에게 "네가 만일 내 앞에서 행하기를 네 아버지 다윗이 행한 것과 같이 하여 내가 네게 명령한 모든 것을 행하여 내 율례와 법규를 지키면"(대하 7:17)이라고 말씀하십니다. 또 하나님은 아하스 왕을 평가하시기를 "그의 조상 다윗과 같지 아니하여 여호와 보시기에 정직하게 행하지 아니하고"(대하 28:1b)라고 하십니다.

반면, 히스기야와 요시아를 칭찬하실 때도 다윗이 그 기준입니다. "히스기야가 그의 조상 다윗의 모든 행실과 같이 여호와 보시기에 정직하게 행하여"(대하 29:2), "여호와 보시기에 정직하게 행하여 그의 조상 다윗의 길로 걸으며 좌우로 치우치지 아니하고"(대하 34:2).

우리는 이런 질문을 할 수 있습니다. 무엇이 다윗을 그처럼 위대한 왕이 되게 만들었는가? 다윗의 어떤 점 때문에 하나님은 그를 그토록 높이 평가하신 것일까? 사실, 다윗은 목욕하는 여인을 훔쳐보았고 그녀가 자신의 충성스러운 부하 장수의 부인인 것을 알고도 동침하였으며 범죄를 감추기 위해 그 장수를 살인 교사한 사람이 아닙니까? 이런 흠결에도 불구하고 하나님께서 다윗을 위대한 왕의 기준으로 삼으신 까닭, 그를 마음에 합한 사람이라고 하신 이유는 무엇입니까? 그것은 그가 마음을 지킨 사람이었기 때문입니다.

기다림과 마음 지킴

다윗의 마음 지킴을 볼 수 있는 최적의 자리는 기다림과 인내의 영역입니다. 십 대 소년 시절 다윗은 사무엘로부터 이스라엘의 왕으로 기름 부음을 받지만, 그가 유다의 왕이 된 것은 삼십 세가 넘어서였습니다(삼하 5:4-5). 참을성 없는 젊은 시절, 십수 년을 다윗은 기다림의 세월로 보내야 했습니다. 다윗에게 이 기다림의 시간은 한편 깨어짐의 시간이기도 했습니다. 위대함의 열매는 깨어짐의 씨앗을 통해서 결실합니다.

하나님은 조금의 흠도 없는 도자기가 아니라 금이 가고 흠 많은 질그릇을 원하십니다. 질그릇의 깨어진 틈새로 흘러나오는 것은 복음의 영광스러운 빛이기 때문입니다(고후 4:7-11). 하나님은 이 기다림과 깨어짐의 세월을 통해 다윗의 자기 신뢰, 자만심, 의지와 같은 것들을 깨뜨리셨습니다. 그렇게 다윗은 자신만만한 사람이 아니라 하나님의 은혜만을 붙잡는 사람으로 빚어져 갔습니다. 이 기다림 속에서 그는 자기 인생 계획표가 아니라 하나님의 시간표를 따라 사는 법을 배웠습니다.

이것만이 아닙니다. 이 기간의 대부분은 무고하게 자기를 죽이려는 사울의 칼을 피해 도망 다녀야 하는 피 말리는 시간이었습니다. 무고히 자기를 해치려는 적대적 존재가 있을 때, 마음을 지킨다는 것은 쉬운 일이 아닙니다. 한번은 사울이 자기 곁에서 수금을 타던 다윗을 향하여 창을 던진 일이 있었습니다. 이런 일은 두 차례 이상 반복되었습니다(삼상 18:10-11; 19:9-10).

당신도 인생에서 비슷한 일을 겪을 수 있습니다. 누군가 이유 없이 당신을 적대할 수 있습니다. 이때 어떻게 마음이 상하지 않도록 지킬 수 있습니까?

다윗에게 이런 상황은 십수 년 지속되었습니다. 사람은 과거의 경험으로부터 자유롭기 어렵습니다. 그럼에도 다윗은 마음이 망가지지 않았습니다. 물론 위기의 순간들이 없지 않았지만 (삼상 25:21-22), 그는 마음이 굳어지거나 상하거나 또 강퍅해지는 자리로 가지 않았습니다. 생각해 보십시오. 사울이 던진 창이 다윗의 등 뒤의 벽에 박혔을 때, 그 건강한 청년은 창을 뽑아 사울에게 던질 수도 있었습니다. 거의 반사적으로 말입니다. 그러나 그는 그렇게 하지 않았습니다.

다윗은 이 긴 기다림의 세월 속에서 무고히 자신을 적대하는 왕에게 쫓기면서 억울함의 감정, 마땅한 대접을 받지 못하는 것에 대한 분노, 무고히 당하는 고난을 겪었습니다. 이 정도면 사람은 거의 미칠 수도 있습니다. 하지만 그는 자신의 심정을 하나님께 쏟아내는 법을 알았습니다. 백오십 편의 시편 가운데 거의 절반이 분명하게 [다윗의 시]라고 되어 있습니다.

하나님이여 내게 은혜를 베푸소서 내게 은혜를 베푸소서 내 영혼이 주께로 피하되 주의 날개 그늘 아래에서 이 재앙들이 지나기까지 피하리이다 내가 지존하신 하나님께 부르짖음이여 곧 나를 위하여 모든 것을 이루시는 하나님께로다 시 57:1-2

하나님께 마음을 쏟아내는 것은, 긴 기다림과 깨어짐의 시간 동안 심령이 상하고 마음이 망가지는 일로부터 다윗을 지켜 주었을 것입니다.

하나님 사랑과 마음 지킴

마음 지킴과 관련해서 다음으로 생각할 요소는 하나님을 사랑하는 것입니다. 믿음은 그 대상인 하나님을 향한 사랑과 분리될 수 없습니다. 하나님을 사랑하지 않는 믿음은 거짓 믿음입니다. 믿음은 신앙의 내용과 교리에 대한 지적 동의가 아닙니다.

그래서 주님은 모든 계명 중에 첫째가 무엇이냐고 묻는 서기관에게 마음과 목숨과 뜻과 힘을 다하여 하나님을 사랑하는 것과 이웃을 자신과 같이 사랑하는 것이라고 말씀하셨습니다(막 12:28-31). 신앙은 하나님을 사랑하는 것입니다.

우리는 다윗이 하나님을 얼마나 사랑했는지, 그의 시편과 사무엘서와 역대상의 기록에서 볼 수 있습니다. 역사의 무대에 처음 등장했던 골리앗과의 싸움에서 하나님의 이름을 모독하는 골리앗을 참지 못하고 "너는 칼과 창과 단창으로 내게 나아 오거니와 나는 만군의 여호와의 이름 곧 네가 모욕하는 이스라엘 군대의 하나님의 이름으로 네게 나아가노라"(삼상 17:45)고 하며 골리앗을 대적하는 다윗에게서 우리는 그 사랑을 봅니다.

시편 84편은 [고라 자손의 시]라고 되어 있는데, 스펄전은 이 시를 다윗이 썼을 것이라고 말합니다. "주의 궁정에서의 한 날이 다른 곳에서의 천 날보다 나은즉 악인의 장막에 사는 것보다 내 하나님의 성전 문지기로 있는 것이 좋사오니"(시 84:10).

신앙은 이런 것입니다. 다윗은 하나님을 이렇게 사랑하고 좋아했기에, 마음이 망가지지 않을 수 있었습니다. 사람이 고생을 많이 한다고 마음이 망가지는 게 아닙니다. 비록 그럴지라도 부부간에, 가정 안에서 서로를 깊이 사랑할 수 있다면 사람의 마음은 망가지지 않습니다. 사랑에 빠진 사람의 마음은 잘 망가지지 않습니다. 신앙은 영원토록 하나님과 사랑에 빠지는 것입니다. 다윗에게 하나님은 그런 분이셨고, 이것은 다윗의 마음을 지켜 주었습니다.

자기 살핌과 마음 지킴

이제 우리가 주목하려고 하는 부분은 자기 살핌입니다. 다윗은 자기를 죽이려고 쫓아오는 사울을 죽일 절호의 기회를 두 번이나 맞이하지만 두 번 다 살려 보냅니다. 사울이 삼천 명의 군사를 데리고 다윗이 있는 엔게디 광야로 수색을 나왔을 때의 일입니다(삼상 24장). 이때 사울이 뒤를 보러 들어온 굴이 바로 다윗이 숨어 있던 굴이었고 다윗은 원수를 죽일 절호의 기회를 얻었습니다. 부하들은 지금이 바로 하나님께서 다윗에게 원수를 넘겨주시는 날이라고 확언하지만 다윗은 사울의 옷자락 끝만 베고 맙니다. 자기 손을 들어 하나님의 기름 부음을 받은 왕을 치는 일은 합당하지 않다고 여겼기 때문입니다. 사울을 살려 주고도 그의 옷자락을 벤 것 때문에, 다윗의 마음이 찔려했다는 사실은 다윗의 순전한 마음을 너무나 잘 보여 줍니다(삼상 24:5).

이렇게 사울을 살려 준 일은 또 한 번 있었습니다. 이로써 성경은 다윗의 마음이 하나님 앞에서 순전했을 뿐 아니라, 하나님의 주권을 인정함으로 친히 원수를 갚지 말고 하나님께 맡기라는 말씀에 그가 어떤 태도로 순종했는지를 보여 줍니다.

다윗처럼 이런 상황을 오래 겪다 보면 무너지는 순간이 오기도 합니다. 그 순간은 속에서 복수심이 일어나는 때입니다. 이 복수심은 악을 악으로 갚겠다는 너무나 정당해 보이는 생각입니다. 이때 우리는 사랑할 힘을 잃어버리고, 미움의 지배를 받기 시작합니다. 마귀에게 틈을 제공해 주는 순간입니다.

그래서 마음을 지킨다는 것은 영적 전투입니다. 마귀는 계속 정당한 대처를 하라고 우리의 귀에 속삭입니다. 그러나 하나님께서는 원수를 친히 갚지 말고 선으로 악을 이기라고 우리에게 말씀하십니다.

> 내 사랑하는 자들아 너희가 친히 원수를 갚지 말고 하나님의 진노하심에 맡기라 기록되었으되 원수 갚는 것이 내게 있으니 내가 갚으리라고 주께서 말씀하시니라 … 악에게 지지 말고 선으로 악을 이기라 롬 12:19-21

심지어 원수를 사랑하라고 하십니다.

그러나 너희 듣는 자에게 내가 이르노니 너희 원수를 사랑하며 너희를 미워하는 자를 선대하며 너희를 저주하는 자를 위하여 축복하며 너희를 모욕하는 자를 위하여 기도하라 눅 6:27 - 28

이 말씀은 우리가 맺고 살아가는 모든 관계에 예외 없이 적용됩니다. 하나님께서 이렇게 말씀하심은 우리 마음을 지키시고 보호하시려는 의도입니다. 왜냐하면 마음을 지키지 못하면 모든 것을 잃어버린다는 것을 하나님께서 너무나 잘 아시기 때문입니다.

이렇게 선으로 악을 이기고 하나님께 모든 것을 맡기려면, 분명히 알아야 할 것이 있습니다. 그것은 하나님의 선하심입니다. 하나님의 선하심을 맛보아 아는 것은 우리가 원하는 대로 상황이 전개되거나 평안한 만족을 누리고 있을 때에만 국한되지 않습니다. 다윗이 하나님의 선하심을 깊이 맛본 때는 그가 사울에게 쫓겨 목숨이 경각간에 있을 때였습니다(시 34:8 참조).

우리도 그렇습니다. 당신이 긴 세월 동안 깊은 고난의 자리에 있을 때 하나님께서 당신의 선하심을 특별한 방식으로 맛보아 알게 하심은, 당신의 마음이 상하고 망가지지 않도록 지켜주시려는 아버지의 마음 때문입니다. 그래서 자신의 마음 안에서 일어나는 것들을 면밀히 살피는 것이 중요합니다.

또 하나의 에피소드가 생각납니다. 아들 압살롬의 반역으로 예루살렘 왕궁을 떠나 기드론 시내를 따라 슬피 울며 도피하던 다윗은 사울의 신하였던 시므이가 자기를 저주하고 모욕하는 모습을 맞닥뜨리게 됩니다. 이때 부하 아비새는 시므이의 머리를 베게 해달라고 구하지만, 다윗은 이렇게 말하지요.

왕이 이르되 스루야의 아들들아 내가 너희와 무슨 상관이 있느냐 그가 저주하는 것은 여호와께서 그에게 다윗을 저주하라 하심이니 네가 어찌 그리하였느냐 할 자가 누구겠느냐 하고 또 다윗이 아비새와 모든 신하들에게 이르되 내 몸에서 난 아들도 내 생명을 해하려 하거든 하물며 이 베냐민 사람이랴 여호와께서 그에게 명령하신 것이니 그가 저주하게 버려두라 혹시 여호와께서 나의 원통함을 감찰하시리니 오늘 그 저주 때문에 여호와께서 선으로 내게 갚아 주시리라 삼하 16:1-12

원수를 갚지 않는 다윗의 방식을 주목해 보십시오. 그는 자신을 살핍니다. 그는 정당하다고 여겨지는 행동을 취하기 전에 하나님 앞에서 자신을, 자신의 마음을 돌아봅니다. 이것은 거룩한 습관입니다. 다윗의 기도가 이 태도를 잘 보여 줍니다.

하나님이여 나를 살피사 내 마음을 아시며 나를 시험하사 내

뜻을 아옵소서 내게 무슨 악한 행위가 있나 보시고 나를 영원한 길로 인도하소서 시 139:23-24

즉각적 회개와 마음 지킴

다윗은 누구보다도 치졸한 범죄로 넘어진 사람이었지만, 그럼에도 그가 결국은 마음을 지키는 일에서 넘어지지 않았다는 사실을 주목할 필요가 있습니다.

나단 선지자가 다윗에게 와서 그의 죄를 지적하고 책망한 일은 유명합니다(삼하 12장). 그때 다윗은 변명하려 하거나 나단 선지자를 죽이려고 하지 않았습니다. 대신 즉각적으로 "내가 여호와께 죄를 범하였노라"고 자신의 죄를 인정했고 회개했습니다(삼하 12:13). 이번만이 아니었습니다. 인구 조사를 하였을 때도 다윗은 자신의 잘못을 깨닫자 곧바로 회개로 반응했습니다(삼하 24:10).

깨어짐의 오랜 세월을 지낸 사람답게 다윗은 하나님 앞에서 깨어질 줄 아는 사람이었습니다. 다윗은 하나님께서 구하시는 제사는 상한 심령, 상하고 통회하는 마음, 깨어진 마음임을 너무나 잘 알았습니다(시 51:17).

다윗은 시간을 끌지 않고 하나님께 상한 심령의 제사, 회개함으로 나아갔습니다. 즉각적으로 마음을 찢고 회개하는 것은 마음을 망가짐과 상함으로부터 지키는 매우 유효한 처방입니다.

마음을
지키는 삶

다윗의 삶을 행복했다고만 말할 수는 없을 것입니다. 그는 젊은 시절 십수 년 동안 억울한 도피 생활을 해야 했고, 왕이 된 후에도 수많은 전쟁, 가정 안에서의 고통스러운 사건들, 자식들끼리 일어난 강간과 살인 그리고 아들 압살롬의 반란 등 인간으로서는 겪고 싶지 않은 심한 고통을 겪어야 했습니다. 하지만 그는 이 모든 일에서 마음이 망가지지 않았고 마음을 지켰습니다. 그래서 그 추한 범죄에도 불구하고 그는 '하나님 마음에 맞는 사람'이라고 불린 유일한 사람이 되었습니다.

성경이 다윗의 삶을 통해 우리에게 교훈하는 바는 마음을 지키는 삶보다 나은 삶이 없다는 것입니다. 솔로몬은 아버지 다윗과는 비교할 수 없을 만큼 모든 것을 가진 사람이었지만, 마음을 지키는 일에서 실패한 대표적인 인물입니다. 하나님은 이후 유다 왕들을 판단하실 때, 솔로몬이 아닌 다윗을 기준으로 판단하셨습니다. 그가 마음을 지켰기 때문입니다.

잠언 16장 2절은 "사람의 행위가 자기 보기에는 모두 깨끗하여도 여호와는 심령을 감찰하시느니라"고 말씀합니다. 사람 보기에 옳은 것, 사람들의 칭찬과 평판이 중요한 게 아닙니다. 심령 곧 마음을 저울질하시는 하나님의 판단이 중요합니다. 이것이 참된 그리스도인이 마음을 지키는 일에 더욱 힘써야 할 이유입니다. 그렇지 않으면 믿음이 자라지도 않고 하나님께 기쁨을 드릴 수도 없으며 세상에 위로를 주는 자도 될 수 없습니다.

마음을 지키려면 내가 하는 일 자체에 지나치게 몰두하지 않도록 주의해야 합니다. 그것이 무엇이든 일 자체에 몰입하면 영원한 가치를 지닌 영적인 문제에 집중할 수가 없고 그때 마음을 지키는 일에서 실패하기 쉽습니다. "그래도 먹고 살려면 온 마음을 다 쏟아야 한다"고 말하지 마십시오. 당신이 언젠가 죽어야 한다는 사실을 생각하십시오. 그때 당신은 모든 삶의 순간에 마음을 지킨 일보다 중요한 것은 없었다는 사실을 깨닫게 될 것입니다.

신앙은 어떤 노력도 없이 시간만 지나면 자동으로 깊어지고 성숙해지며 풍성함을 경험하게 되는 것이 아닙니다. 날마다 하나님 앞에서 마음을 살피고 지키는 일에 일정한 시간을 써야 합니다. 당신의 생각, 의도, 소망, 계획, 동기를 살피십시오. 당신의 마음에 거룩함, 의로움, 지혜, 분별, 정의, 진실, 자비, 친절과 같은 것들이 있는지를 살펴보십시오. 그리고 당신의 마음에서 거룩함이 자라고 있는지도 살피십시오.

마치 다이어트를 하는 사람이 매일 아침 체중계 위에 서는 것처럼, 마음이 하나님의 저울대에 선다고 여기십시오. 하나님은 마음을 저울질하는 분이십니다(잠 24:12).

"모든 지킬 만한 것 중에 더욱 네 마음을 지키라 생명의 근원이 이에서 남이니라"(잠 4:23). 메시지 성경은 이렇게 번역했습니다. "두 눈을 부릅뜨고 네 마음을 지켜라. 마음은 생명의 근원이다." 길따름이는 무엇보다 마음을 지키는 사람입니다. 매튜 헨리의 말을 인용함으로 이번 장을 맺겠습니다.

마음은 위대하신 하나님께서 우리에게 요구하신 것이며 우리를 부르신 목적이기도 하다. 마음을 온전히 드리지 않는 한, 우리가 무엇을 바치든 주님께선 받지 않으실 것이다. 우리는 주님을 더욱 사랑하고 주님과 마음을 나누어야 하며 하나님께 가장 큰 목적을 두고 마음을 온전히 주님께 집중해야 한다. 자유롭고 즐거운 마음으로 온전히 주님께만 헌신하며, 마음이 하나님과 세상을 향해 둘로 나뉘면 안 된다. 주님은 전부가 아니면 받지 않으신다. "온 마음을 다해 여호와 너희 하나님을 사랑하라"는 말씀에 우리는 즉시 이렇게 대답해야 한다. "아버지, 제 마음을 온전히 받으소서. 원래부터 주님 것이었습니다. 제 마음을 소유하시고 그 속에 주님의 보좌를 세우소서."[4)]

6장

아비투스

: 그리스도인의 삶의 방식은 무엇인가?

길따름이는 주님의 새 계명을 따라
서로 사랑하는 공동체로 살아가는 사람입니다.
삼위 하나님께서 영원토록 공동체로 계시듯이
공동체로 존재하는 새로운 삶의 양식을 받아 살아갑니다.

 몇 해 전 읽은 책 중, 앨런 크라이더가 쓴『초기 교회와 인내의 발효』는 매우 인상적이었습니다. 처음 400여 년의 기독교가 박해 가운데에서도 놀라운 속도로 성장한 요인은 그들이 선교에 목숨을 걸었기 때문이 아니라, 초기 교회가 세상에 보여 준 특별한 방식 때문이었다고 저자는 말합니다. 앨런 크라이더는 그 특별한 방식을 '아비투스(habitus)'라는 사회학 용어로 설명했습니다. 이것은 제가 서문에서도 언급한 내용입니다.
 '아비투스'는 라틴어에서 파생한 단어로, 프랑스 사회학자 피에르 부르디외(1930-2002)가 처음 사용했습니다. 이 용어는 후천적 배움을 통해 무의식중에 또는 위기의 순간에 반사적으로 반응하게 하는 행동 양식을 의미합니다. 한 집단에 속한 구성원들에게 아비투스가 형성되면, 아비투스는 바깥 세계에 그들의 정체성을 표현하는 특징이 됩니다. 초기 교회 성도들은 그들이 하는 말보다 그들이 보여 주는 삶과 삶의 방식으로 기독교와 복음을 세상 앞에 증거했다고 저자는 말합니다. 초기 교회에는 예수님의 가르침에 기초하고 뿌리를 둔 관습으로 구체화되고 습관화된 삶의 방식이 있었고, 이것은 모든 그리스도인이 공유하는 아비투스가 되었습니다.

특별히 앨런 크라이더는 초기 교회가 가진 여러 아비투스 중에서 인내(참음)에 주목했습니다. 인내는 초기 그리스도인들이 적대적이던 세상 앞에 보여 준 기독교 고유의 경이로운 삶의 특징이었습니다. 그들은 모든 것을 견뎠고 참았고 인내했습니다. 그들은 모든 고난과 십자가를 참으신 주님을, 그리고 죄인을 오래 참으시는 하나님을 바라보고 인내했습니다. 저자인 앨런 크라이더는 초기 교회 성장은 성도들의 아비투스인 인내가 발효한 것이라고 설명합니다.

그렇다면 교회가 성장을 멈추어 버린 오늘, 우리나라 그리스도인의 아비투스는 무엇입니까? 있기는 한 것입니까? 어느 시대, 어느 나라의 그리스도인이라고 하더라도, 그들이 그리스도인이기 때문에 공유하고 세상을 향해 일관되게 보여 주는 아비투스가 있다면 그것은 무엇입니까? 이번 장에서 우리는 그 한 가지 아비투스를 주목하려고 합니다.

새 계명

주님은 십자가를 지시기 전에 제자들과 함께 보낸 그 마지막 저녁에 많은 것을 말씀하셨습니다. 요한복음 13-16장에 기록된 다락방 강화가 그것을 보여 줍니다. 특별히 주님께서 말씀하신 새 계명에 주목함으로 시작해 봅시다. 주님은 서열 다툼에 여념이 없던 제자들의 발을 씻어 주신 후에, 새 계명을 말씀하셨습니다.

> 새 계명을 너희에게 주노니 서로 사랑하라 내가 너희를 사랑한 것 같이 너희도 서로 사랑하라 너희가 서로 사랑하면 이로써 모든 사람이 너희가 내 제자인 줄 알리라 요 13:34-35

그날 밤 예수님이 잡히시고 이튿날 십자가에서 돌아가신 후에야, 제자들은 이것이 주님의 유언과도 같은 무게를 지닌 말씀이었음을 깨달았을 것입니다. 새 계명의 핵심은 '서로 사랑하는 공동체'였습니다. 그리고 너무나 놀랍게도 서로 사랑의 기준은 주님께서 우리를 사랑하신 만큼이었습니다. "내가 너희를 사랑한 것 같이 너희도 서로 사랑하라." 주님은 이 새 계명에서 공동체가 세상을 향해 어떤 영향을 미치게 될지도 말씀하셨습니다. 그들이 가진 '서로 사랑'이라는 공동체적 존재 양식은 세상을 향하여 그리스도와 복음의 증거가 되리라는 것입니다. 말하자면 선교는 교회라는 공동체의 적극적인 선교 행위 이전에 그 공동체가 세상 안에 존재함으로써 만들어 내는 열매입니다.

아비투스로서의 공동체

실제로 서로 사랑하는 공동체의 삶은 초기 교회가 세상 앞에 보여 준 아비투스였습니다. 1세기 로마 제국 내에는 이미 다양한 방식의 직능, 사업을 중심으로 하는 조합 형태의 조직들이 많이 있었습니다. 이 조합은 '콜레기아(collegia)'라고 불렸는데, 이들은 어떤 점에서 교회와 유사하기도 했습니다. 그들의 잦은 정기 모임 방식(평균 월 1회, 당시 로마 제국은 정치적 이유로 모임을 제한했다)이나 코이노니아라는 명칭을 사용한 점이나, 조합의 임원들이 감독과 집사라는 칭호로 불렸다는 연구들이 그것을 보여 줍니다.[1]

이 조합이 하는 일 중에는, 회원의 장례를 공동으로 도와주는 상조회 역할이 중요했습니다. 사실 이들이 자발적 조합이라고 알려진 것과는 달리 실제로는 회비와 벌금 제도에서 강제적 측면이 있었는데, 회원으로서 정기적 회비 납부를 하지 않으면 장례와 같이 중요한 행사에서 매몰차게 제외될 수도 있었습니다.

하지만 당시 신흥 종교이던 기독교의 교회는 많은 점에서 로마 제국의 콜레기아와는 달랐습니다. 제럴드 싯처의 표현을 빌리면 "교회는 보편적이면서도 특별했고, 세계적이면서도 지역적이었으며, 크면서도 작았습니다."[2] 콜레기아는 그저 지역에 한정된 모임을 넘어설 수 없었지만, 교회는 전혀 알지도 못하고 가보지도 못한 다른 지역의 교회와 하나 됨을 유지하는 보편성과 세계성을 가지고 있었습니다. 그래서 크고도 작다고 표현할 수 있는 것입니다.

그들은 자주 모였고, 세상에서의 윤리적 가치관을 공유하는 점이 두드러졌으며 구성원 간에 유유상종의 기준을 넘어 그리스도 안에서 사회의 모든 계층, 성별이 모였습니다. 그들 사이에 차별이 없었으며 사회적 약자인 여성과 어린아이를 포함하여 모든 개인이 존중받았습니다. 교회는 보통의 콜레기아에서 경험하는 것과 같은 강제성의 규정이 없었습니다. 특히 교회가 회원의 기여나 책임과 무관하게 장례를 치러 주는 일은 바깥세상에 매우 깊은 인상을 주었습니다.

교회라는 이 공동체는 세상의 어떤 조직도 흉내 낼 수 없는 독특한 것이었습니다. 교회는 그 구성원인 그리스도인들이 만들어 낸 것도 아니었습니다. 이 공동체는 우리가 알다시피, 예수님이 승천하신 뒤에 오순절 성령 강림 사건에 의해 세워졌습니다. 이 점에서 교회는 주님께서 세우신 성령의 공동체라고도 불릴 수 있습니다. 사도행전 2장은 그 공동체의 특성을 잘 보여줍니다.

> 사람마다 두려워하는데 사도들로 말미암아 기사와 표적이 많이 나타나니 믿는 사람이 다 함께 있어 모든 물건을 서로 통용하고 또 재산과 소유를 팔아 각 사람의 필요를 따라 나눠 주며 날마다 마음을 같이하여 성전에 모이기를 힘쓰고 집에서 떡을 떼며 기쁨과 순전한 마음으로 음식을 먹고 하나님을 찬미하며 또 온 백성에게 칭송을 받으니 주께서 구원받는 사람을 날마다 더하게 하시니라 행 2:43-47

주님께서 말씀하신 새 계명을 반영하는 공동체가 성령의 부으심으로 만들어진 것입니다. 막 시작된 이 공동체는 예루살렘에서 존재 자체로 이미 엄청난 영향력을 드러냈습니다. 그것이 "온 백성에게 칭송을 받으니 주께서 구원받는 사람을 날마다 더하게 하시니라"라는 말씀입니다(행 2:47). 예루살렘은 이런 공동체를 본 적이 없었습니다. 이것은 세상 어디서도 보지 못한 공동체였습니다. 이 공동체는 주님께서 새 계명에서 말씀하신 대로, 서로 사랑하는 공동체의 존재 자체로서 그리스도를 증거했습니다. 그래서 예루살렘에서의 초기 전도는 성도들의 개인적

전도 행위의 열매라기보다, 교회가 공동체로 세상에 존재함으로써 맺은 열매입니다. 주님이 천국 비유에서 말씀하신 "가루서 말 속에 갖다 넣어 전부 부풀게 한 누룩"처럼 교회는 세상을 변화시키는 역할을 감당한 것입니다(마 13:33). 그러나 우리는 이 공동체의 탄생에 대해서 성령 강림 사건 이외에도, 추적해야 할 또 하나의 단서를 가지고 있습니다.

주님의 기도

바로 주님의 기도입니다. 주님은 잡히시기 전, 대제사장의 기도로 알려진 긴 기도를 하셨습니다. 요한복음 17장입니다.

내가 비옵는 것은 이 사람들만 위함이 아니요 또 그들의 말로 말미암아 나를 믿는 사람들도 위함이니 아버지여, 아버지께서 내 안에, 내가 아버지 안에 있는 것 같이 그들도 다 하나가 되어 우리 안에 있게 하사 세상으로 아버지께서 나를 보내신 것을 믿게 하옵소서 내게 주신 영광을 내가 그들에게 주었사오니 이는 우리가 하나가 된 것 같이 그들도 하나가 되게 하려 함이니이다 곧 내가 그들 안에 있고 아버지께서 내 안에 계시어 그들로 온전함을 이루어 하나가 되게 하려 함은 아버지께서 나를 보내신 것과 또 나를 사랑하심 같이 그들도 사랑하신 것을 세상으로 알게 하려 함이로소이다 요 17:20 - 23

주님의 이 기도는 한 마디로 하나 된 공동체를 이루는 것이었습니다. 주님의 이 기도에는 교회를 향한 주님의 마음이 무엇인지가 분명하게 드러납니다. 그것은 바로 교회의 하나 됨입니다. 앞에서 제자들에게 말씀하신 새 계명을 따라, 그들이 서로 사랑하는 공동체가 됨으로써 말입니다. 이 기도는 하나님께서 삼위로 계시다는 사실, 특별히 성부와 성자 하나님의 관계와 교제로 우리의 관심을 끌어갑니다.

공동체로 계시는 하나님

하나님께서 삼위 하나님으로 계신다는 것을 삼위일체라고 표현합니다. 무한하신 하나님을 제한된 인간의 언어로 표현한 말입니다. 삼위일체를 인간 이성으로 완전히 깨닫는 것은 불가능합니다. 그러나 하나님께서 우리에게 계시하여 주신 만큼은 알 책임이 우리에게 있습니다. 우리의 유익을 위해 주신 계시이기 때문입니다. 삼위일체는 우리말로 이렇게 표현할 수 있습니다. "세 분 하나님은 하나이시다." 세 분이라는 말을 의아하게 여길 수도 있겠지만, 이것은 하나님의 세 위격(person)인 성부, 성자, 성령 하나님을 말하는 방식입니다. 성부 하나님은 성자 하나님이 아니시고, 성자 하나님은 성령 하나님이 아니시며, 성령 하나님은 성부 하나님이 아니시기에, 하나님의 세 위격은 구분되고 고유합니다. 하지만 세 위격은 동일한 신성의 본질을 갖고 계시고, 권능과 영광에서도 동등하십니다.

그렇다면 삼위 하나님은 어떤 관계성 속에서 존재하실까요? 삼위 하나님은 영원부터 영원까지 서로에게 영광을 돌리고, 서로 안에 내주하는 관계로 존재하십니다. 우리는 주님의 기도에서 그 근거를 찾을 수 있습니다.

> 예수께서 이 말씀을 하시고 눈을 들어 하늘을 우러러 이르시되 아버지여 때가 이르렀사오니 아들을 영화롭게 하사 아들로 아버지를 영화롭게 하옵소서 … 아버지여 창세 전에 내가 아버지와 함께 가졌던 영화로써 지금도 아버지와 함께 나를 영화롭게 하옵소서 요 17:1,5

성부와 성자의 관계는 서로 영광을 돌리는 관계입니다. 이것을 '상호 영화'라고 합니다. 우리는 이 개념을 좀 더 정확히 이해할 필요가 있을 텐데, 잠언 8장 30-31절이 도움이 됩니다.

> 내가 그 곁에 있어서 창조자가 되어 날마다 그의 기뻐하신 바가 되었으며 항상 그 앞에서 즐거워하였으며 사람이 거처할 땅에서 즐거워하며 인자들을 기뻐하였느니라 잠 8:30-31

여기서 화자(話者)는 지혜로, 성자이신 그리스도를 가리킵니다. 성자께서 성부 곁에서 창조자가 되셔서 날마다 성부의 기뻐하시는 대상이 되셨고 또한 성부 하나님을 즐거워하셨다고 말씀합니다. 이 말씀은 성부와 성자 사이에 상호 영화가 어떻게 이루어지는지를 보여 줍니다. 그것은 서로를 무한히 기뻐하고 영원히 즐거워하는 것입니다.

성부 하나님과 성자 하나님은 기쁨이 충만하신 이 사귐을 통해서 완전한 영광을 태초 이전부터 영원토록 누리고 계셨습니다. 성령님은 성부와 성자 하나님 사이에서 이루어지는 그 기쁨 충만한 완전한 교제로부터 영원토록 나오시는 사랑의 영이십니다. 말하자면, 성부 하나님과 성자 하나님은 성령 하나님 안에서 형언할 수 없는 사랑의 교제를 통해 서로 안에서, 서로와 함께, 서로를 통해서 영광을 누리시는 것입니다.

이것을 신학 용어로 '상호 내주(페리코레시스, περιχορησις)'라고 말합니다. 이것이 삼위 하나님께서 영원부터 영원까지 존재하시는 방식입니다. 이로써 삼위 하나님은 공동체로 존재하신다고 말할 수 있습니다.

공동체를 창조하시는 하나님

하나님은 공동체로 존재하시는 삼위 하나님 안에서 흘러넘치는 완전한 기쁨으로부터 공동체를 창조하시기로 영원 전에 작정하셨습니다. 그 작정을 따라 하나님의 형상으로 사람을 지으셨고, 아담이 혼자 사는 것이 좋지 않다고 하시며 하와를 지으심으로써 사람을 공동체로 창조하셨습니다(창 2:18-23). 이것은 이미 "생육하고 번성하여 땅에 충만하라"고 하셨을 때부터 드러난 하나님의 의도였습니다(창 1:28). 하와를 만들어 아담에게 이끌어 오신 하나님은 "아내와 합하여 둘이 한 몸을 이룰지로다"라는 말씀으로 두 사람의 하나 됨을 축복하십니다(창 2:24).

이들은 하나님의 임재와 축복 속에서 특별히 삼위 하나님의 사랑의 사귐으로부터 흘러넘치는 기쁨을 받으며 하나 됨의 공동체를 누릴 수 있었습니다. 성경은 이것을 "아담과 그의 아내 두 사람이 벌거벗었으나 부끄러워하지 아니하니라"는 말씀으로 설명합니다(창 2:25). 그들 사이에 무슨 갈등이나 다툼, 무슨 염려가 있었겠습니까? 그들은 그저 삼위 하나님의 교제에서 흘러넘치는 사랑과 기쁨과 행복을 받아 서로 나누며 하나 됨을 누리고 기뻐했습니다.

이것이 웨스트민스터 소요리문답과 대요리문답의 1문이 말하는 인간 최고의 존재 목적, 마음을 다하여 하나님을 즐거워함으로써 영원토록 하나님을 영화롭게 하는 것이 아니고 무엇이겠습니까? 아담과 하와는 사탄의 유혹을 받아 선악을 알게 하는 나무의 실과를 따먹기 전까지는 그렇게 사랑하는 공동체로서 하나님께서 주신 삶의 행복과 기쁨을 누렸습니다.

하지만 이들은 범죄함으로써 공동체의 행복과 기쁨을 잃어버리고 맙니다. 범죄한 아담과 하와는 하나님으로부터 단절과 소외를 경험했고(창 3:8), 아담은 이 범죄를 여자의 탓으로 돌림으로써 책임을 지지 않는 비겁하고 저열한 망가진 남성성을 드러냈습니다(창 3:12). 하와는 "너는 남편을 원하고 남편은 너를 다스릴 것이니라"라는 말씀을 통해 부부 사이에 하나 됨이 깨어지고 갈등과 고통이 사라지지 않을 것이라는 죄인이 피할 수 없는 운명적 예언을 듣게 됩니다(창 3:16).

성경이 보여 주는 이후의 이야기는 살인과 다툼, 비교와 경쟁의 이야기입니다. 죄로 말미암아 인간이 잃어버린 것은 삼위 하나님 안에서 함께 누리던 사랑의 공동체였습니다. 삼위 하나님께서 창조하신 공동체는 이렇게 깨어지고 말았습니다.

공동체를
구속하시는 하나님

이 깨어진 세상에 성자 하나님께서 인간의 몸을 입고 오셨습니다. 대속의 죽음을 목전에 두신 주님은 이 기도를 드리셨습니다. 이 기도는 주님께서 이 땅에 오신 목적이 단순히 죄로 말미암아 영원히 죽을 인생을 지옥으로부터 건져 천국으로 보내는 것만으로 설명될 수 없다는 것을 보여 줍니다. 주님의 기도는 성부 하나님께서 세상에 성자 하나님을 보내신 궁극적인 의도를 보여 줍니다. 그것은 새 계명대로 서로 사랑하는 공동체, 삼위 하나님의 하나 됨과 같은 하나 됨을 누리는 공동체를 세우기 위함이었습니다.

예수님은 교회를 세우기 위해 죽으셨습니다! 그러면 주님께서 세우신 이 공동체의 표준 혹은 목표는 무엇입니까? 주님은 이 기도에서 교회를 공동체로 회복하심으로 주님께서 바라시는 기준은 바로 삼위 하나님의 하나 됨이라는 것을 분명하게 보여 주십니다. 삼위 하나님의 사귐과 기쁨을 누리는 공동체를 만드신 하나님의 창조 목적은 그 공동체를 복원하시려는 구속의 목적과 조금도 다르지 않습니다.

오순절에 성령을 부어 주심으로 신약 교회를 세우셨을 때, 하나님은 그분이 바라시는 교회의 하나 됨, 그 공동체성을 사도행전 2장에서 잠깐 보여 주셨습니다. 그것이 앞서 읽은 사도행전 2장 43-47절입니다. 그러므로 교회를 위한 주님의 이 기도는 당신의 기도가 되어야 합니다. 당신은 교회를 주님의 그 관점으로 바라보아야 합니다.

교회는 구속받은 하나님의 백성에게 삼위 하나님께서 주시는 최고의 선물입니다. 이 광야 같은 세상을 살아가는 동안 교회의 하나 됨과 공동체성 안에서 성부 하나님 그리고 성자 하나님과 함께하는 교제의 기쁨을 성령 하나님 안에서 맛보며 살아가도록 말입니다. 그래서 주님은 새 계명을 주시며 서로 사랑하라고 말씀하신 것입니다. 서로 사랑하는 것이야말로 우리가 부름받은 이유이고, 구속의 은혜를 받은 우리의 소명이기 때문입니다.

포기할 수 없는 이상, 그 약속

길따름이는 주님의 새 계명을 따라 서로 사랑하는 공동체로 살아가는 사람들입니다. 삼위 하나님께서 영원토록 공동체로 계시듯이 길따름이는 공동체로 존재하는 새로운 삶의 양식을 받아 살아갑니다. 그들은 홀로 살아가지 않습니다. 하지만 길따름이인 우리에게는 구원받기 전에 살아가던 삶의 관습대로 혼자 살아가려는 습관이 남아 있습니다. '혼자가 더 편해. 교회가 공동체이고 가족이라는 말은 그저 하는 말일 뿐 믿을 건 아니야'라는 생각이 있을지 모릅니다.

우리는 이 부름받은 공동체를 이루기에는 어울리지 않는 사람들입니다. 서로 사랑하라는 주님의 새 계명을 순종하여 살아가려고 하지만, 너무나 부족한 자신을 봅니다. 여전히 사랑받기만을 원하는 자신을 봅니다. 그러나 삼위 하나님의 은혜는 이런 우리를 조금씩 바꿔 가십니다. 사랑받기만을 원하는 이기적인 존재에서 답 없이 사랑하는 존재로 말입니다.[3] 선택적 사랑밖에 할 수 없는 우리를, 주 안의 형제와 자매 모두와 그리스도의 몸인 교회를 사랑하는 존재로 바꿔 가십니다.

우리는 교회입니다. 존 지지울러스가 말한 대로 교회는 실존 양식(mode of existence)이고 존재 방식(a way of being)입니다.[4] 우리는 각자 자신의 위치에서 사랑하라고 부름받은 존재들입니다. 거듭난 주님의 자녀라면, 서로 사랑하라는 새 계명에서 제외될 수 없습니다. 성부 하나님과 성자 하나님께서 교제 속에서 누리시는 그 기쁨과 행복을 맛보게 하시려고 우리에게 교회를 주셨습니다. 우리가 교회가 되게 하셨습니다!

당신은 서로 사랑하는 존재입니까?

주님께서 사랑하신 것처럼, 교회 안에 하나님께서 주신 형제와 자매를 사랑합니까? 이것조차 실패하는 우리를 대신하여,

그리스도께서 죄인을 위하여 죽으심으로(롬 5:8) 그 사랑을 온전히 이루어 놓으셨다는 사실을 압니까? 그리스도께서 십자가에서 행하시고 이루신 일 덕분에 우리는 매일 깨어지는 실패 속에서도 하나님께 용납됨을 경험합니다. 그리고 다시 사랑하는 자리로 나아갈 수 있습니다.

서로 사랑이 아닌 것을 위해, 왜곡된 자기 사랑을 위해 당신에게 주어진 삶을 낭비하지 마십시오. 신자는 사랑하라고 부름받은 사람들입니다. 이것이 교회입니다. 우리는 신자의 아비투스인 교회 공동체의 꿈을, 주님의 약속을 포기할 수 없습니다.

교회라는 공동체 안에서 엎치락뒤치락하면서 서로 사랑하기를 힘쓰며 때때로 삼위 하나님의 기쁨과 행복을 맛보고 살아가노라면, 하나님께서 우리 안에서 항상 어떤 일을 행하고 계시다는 사실을 알게 될 것입니다. 그리고 세상은 우리 안에서 서로 사랑하는 길따름이의 아비투스를 보게 될 것입니다. 세상 어디에서도 볼 수 없는 모습을 말입니다. 주님께서 새 계명에서 말씀하셨듯이, "모든 사람이 너희가 내 제자인 줄 알게" 될 것입니다. 주님께서 기도하신 대로, 세상이 성부 하나님께서 성자이신 예수님을 보내신 것을 믿게 될 뿐 아니라(요 17:21), 성부 하나님께서 성자 하나님을 사랑하심같이 교회를 사랑하심을 세상이 알게 하실 것입니다(요 17:23). 이것은 이 세상 속에 존재하는 구속받은 교회가 하나 된 공동체로서 맺는 선교적 열매입니다.

교회는 서로 사랑하는 공동체로서 하나 됨을 이루어가며 세상 앞에 삼위 하나님을 보여 주는 가장 강력한 증거입니다. 구주 예수 그리스도께서 보배로운 피를 흘려 세워 주신 교회를 우리는 포기할 수 없습니다. 그래서 주님께서 주신 새 계명을 따라 서로 사랑합시다. 주님을 따라 같이 기도합시다.

"하나님 아버지께서 그리스도 안에 계시고, 그리스도께서 하나님 아버지 안에 계시듯이, 우리도 온전함을 이루어 하나가 되어 삼위 하나님 안에 있게 하옵소서."

언젠가 그 온전함의 날을 보게 될 것입니다. 주님께서 영광 중에 재림하시는 그날에 말입니다. 그날이 멀지 않습니다.

마라나타!

2부

길따름이의
대답

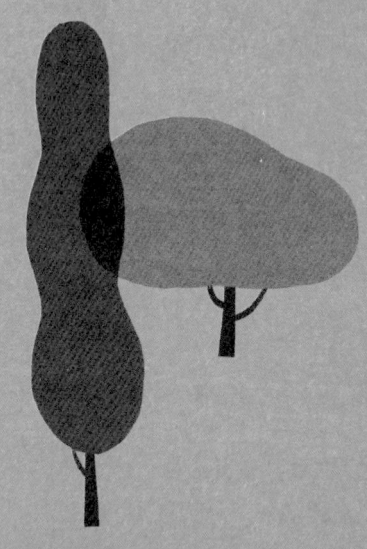

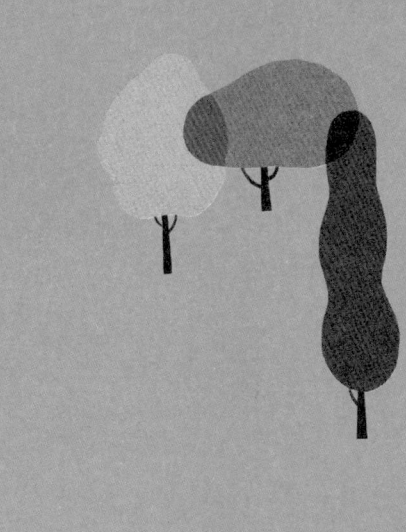

The Wayfollower

7장

권위

: 내 인생에 찾아온 새롭고 절대적인 권위를 따르겠습니다

길따름이는 주 예수 그리스도와
그 말씀 곧 성경의 권위 아래 사는 사람입니다.
자신 외에는 어떤 권위도 인정하지 않던 죄인이
다시 하나님의 절대 권위 아래로 들어와서 사는 것입니다.

주님의 길을 따르는 사람들에게 필요한 것은 '권위'입니다. 모든 상황에서 당신은 어떤 권위에 기대어 생각하고 판단하고 결정하고 살아갑니까? 권위는 인생을 사는 모든 사람에게 필요한 것이며, 길따름이는 특히나 그 권위 아래서 사는 사람입니다. 길따름이의 여정은 권위를 따르는 여정입니다. 그렇다면 그 권위를 어디에서 찾을 수 있을까요?

성경에는 주님께서 제자 레위를 부르시는 장면이 등장합니다. 레위는 당시 교역이 많던 가버나움의 세관에서 세리로 일하던 사람이었습니다. 세리라는 직업은 동족의 고혈로 로마의 세수를 늘려 주고 자기들의 배를 불린다는 이유로, 유대 민족에게는 많은 미움을 받는 대신 상당한 부를 거둘 수 있는 직업이었습니다. 레위가 예수님의 부름을 받은 그날, 예수님을 위하여 집에서 큰 잔치를 열었다는 사실이 레위의 부유함을 살짝 보여 줍니다(눅 5:29). 성경은 레위가 주님의 부름을 받을 때 세관에 앉아 일을 하고 있었다고 기록합니다.

주님은 퇴근 후에 따로 만나자고 약속을 잡으시거나, 식사를 하고 차를 마시면서 중요한 이야기를 하신 것이 아닙니다. 갈릴리 호수에서 고기를 잡던 제자들이 부름을 받았을 때와 마찬가지로, 레위도 일터의 현장에서 부름을 받았습니다. 부르심은 단순했습니다. "나를 따르라!" 이 말을 들은 레위는 "모든 것을 버리고 일어나" 따랐습니다.

단순한 복종

이것은 단순한 복종이었습니다. 레위가 함께 일하던 동료들의 눈치를 살폈다거나 혹은 가버나움 세관의 상사에게 잠깐 나갔다 와도 되냐고 허락을 구한 것 같지도 않습니다. 그는 모든 것을 버리고 일어나 주님을 따랐습니다. 이것은 레위만의 독특한 행동은 아니었습니다. 주님께서 부르신 다른 제자들도 동일했습니다.

이 단순한 이야기가 잘 이해됩니까? 레위가 주님의 말씀 한 마디에 자신의 인생을 접고 주님을 따른 것이 이해되는가 말입니다. 이것을 어떻게 설명할 수 있을까요? 레위는 예수님을 얼마나 알고 있었을까요? "모든 것을 버리고"라는 말은 레위가 자기 인생을 걸고 주님을 따라갔다는 말 아닙니까? 누군가로부터 "나를 따르라"는 한 마디 부름을 받고 자기 인생을 걸고 따를 수 있는 사람이 얼마나 되겠습니까? 디트리히 본회퍼는 『나를 따르라』에서 이 사건을 이렇게 설명합니다.

> 부르심과 복종이라는 이 대응의 유일하게 타당한 근거가 있기 때문이다. 그 근거는 예수 그리스도 자신이시다. 그분은 부르는 분이시다. 세리가 따라나서는 것은 그래서다. 예수의 권위는 절대적이고 직접적이고 근거를 댈 필요가 없는 것이라는 사실이 이 만남에서 증명된다.[1]

그의 말대로, 이 사건은 부르신 분이 예수 그리스도라는 사실 외에 어떤 것으로도 설명할 수 없습니다. 그분은 절대적 권위를 가진 분이셨고, 레위가 그것을 인식한 것입니다.

하지만 슬프게도 오늘날 예수님을 믿는다 혹은 예수님을 따른다는 것은 레위가 이해했던 방식과는 판이한 방식이 되고 말았습니다. 더 부자가 되고, 더 건강해지고, 더 편안하게 살려고 교인이 되는 사람이 적지 않습니다. 주님을 따를 때 지불해야 할 대가를 고려하지 않으며 조금의 대가도 지불할 의향이 없습니다. 그저 교인이 된 겁니다. 교회에 등록했고 주일에는 교회에 나가기 시작했으나 예수님을 믿고 예수님을 따르기 위해서 포기하거나 버리는 것이 하나도 없습니다. "모든 것을 버리고"라는 말이 낯설기만 합니다. 삶은 변하지 않습니다. 더 부자가 되고 더 건강해지고 더 편안하게 사는 인생의 목적은 교인이 된 뒤에도 변함이 없습니다. 그렇다면, 그 사람을 길따름이라고 말할 수 있습니까? 아니, 그 사람을 신자라고 할 수 있습니까?

복음서와 사도행전은 주님을 만난 사람들의 전과 후가 어떻게 바뀌는지를 선명하게 보여 줍니다. 예수님을 만난 사람은 그 인생이 전과 같을 수 없습니다. 예수님을 만나면 인생이 바뀝니다. 예수님을 따르는 길따름이가 되기 때문입니다. 그래서 "나를 따르라"는 단순한 부르심 앞에서 우리는 그분을 따름으로써, 주님께서 가신 길을 따라감으로써 응답할 뿐 그저 '교인이 되는 것'이나 신앙고백을 따르는 정도로 응답할 수 없습니다.

그 따름은 내 인생에 새롭고 절대적인 권위가 생겼음을 의미합니다. "나를 따르라"는 주님의 부름에 모든 것을 버리고 따르고 응답함으로써, 내 모든 삶에서 주님의 절대 권위에 복종하며 사는 것입니다. 길따름이의 삶은 주님의 권위 아래 사는 삶이고 그 권위를 따르는 여정입니다.

아브라함의
단순한 복종

구약성경의 많은 인물 가운데 아브라함을 주목해 보려고 합니다. 갈대아 우르에 살던 아브라함이 한 음성을 듣는 것으로 그의 이야기는 시작됩니다.

> 여호와께서 아브람에게 이르시되 너는 너의 고향과 친척과 아버지의 집을 떠나 내가 네게 보여 줄 땅으로 가라 창 12:1

이 부르심을 들은 아브라함은 "여호와의 말씀을 따라"갔습니다(창 12:4). 당시는 지금보다 더 오래 살았다고 하더라도, 75세의 노인이 자기 삶의 터전을 떠나 한 번도 가보지 않은 길을 간 겁니다. 이것을 어떻게 설명할 수 있습니까? 당시 '가나안 드림'이라는 게 있었거나 가나안이 번영을 약속하는 땅이었기 때문입니까? 아닙니다. 역사학자 벤 윌슨에 의하면, 갈대아 우르는 우르크와 함께 인류 최초의 고대 도시였습니다.[2] 그렇다면 아브라함이 문명 세계를 떠나 가나안으로 가야 할 타당한 이유는 없어 보입니다. 히브리서 기자는 이렇게 설명합니다.

> 믿음으로 아브라함은 부르심을 받았을 때에 순종하여 장래의

> 유업으로 받을 땅에 나아갈새 갈 바를 알지 못하고 나아갔으며
>
> 히 11:8

이 구절에 의하면 아브라함은 "믿음으로" 순종했습니다. 이것은 하나님의 권위에 대한 순종이었습니다. 순종의 이유는 그 음성의 주인이 하나님이셨기 때문입니다.

아브라함이 하나님의 부르심에 순종하여 살아온 지 사십 년쯤 지났을 때, 그는 일생일대의 도전에 직면합니다. 100세에 얻은 약속의 아들 이삭을 번제로 바치라는 하나님의 명령을 받은 겁니다.

> 네 아들 네 사랑하는 독자 이삭을 데리고 모리아 땅으로 가서 내가 네게 일러 준 한 산 거기서 그를 번제로 드리라 창 22:2

이 명령도 놀랍지만, 아브라함의 반응은 더욱 놀랍습니다. 그는 이튿날 일찍 일어나 하나님께서 지시하신 산을 향하여 아들 이삭을 데리고 출발합니다. 그리고 사흘째 그곳에 이르러, 산에 올라 아들 이삭을 결박하여 번제로 드리려고 합니다.

이것을 어떻게 설명할 수 있습니까? 사실상 설명 불가입니다. 이 납득할 수 없고 이해할 수 없는 명령을 주신 분이 하나님이시라는 사실 외에 다른 어떤 설명도 불가합니다. 아브라함은 이

명령을 자의적으로 해석하려고 하지 않았습니다. 그 명령은 매우 단순했고 아브라함은 단순히 복종했습니다.

길따름이는
권위 아래 사는 사람이다

레위와 아브라함의 이야기는 권위가 무엇인지를 잘 보여 줍니다. 권위는 사람을 움직이고 따르게 하며 심지어 인생을 걸게 합니다. 인간 창조의 이야기를 잠깐 해보지요. 본래 인간은 권위 아래 살도록 창조되었습니다. 창조주께서는 당신의 권위 아래 인간에게 에덴동산과 피조 세계를 위임하셨습니다. 선악을 알게 하는 나무의 실과를 먹지 말라는 명령도 인간을 하나님의 권위 아래 있는 존재로 자리매김합니다.

하지만 첫 사람 아담은 하나님의 명령을 어기고 선악과를 먹게 됩니다. 그 범죄는 하나님의 권위에 대한 부정이고 불순종이었으며, 그 권위를 박차고 나간 것이었습니다. 권위를 억압과 올무로 여긴 이 태도는 아담의 후손인 모든 죄인의 본성적 경향이 되었고 인간 사회의 고질적 문제가 되었습니다.

인간은 본질상 권위 아래 있는 존재입니다. 그리고 권위 아래서 태어납니다. 사람은 태어나면서부터 부모라는 권위를 먼저 만나고, 성장하면서는 교사와 사회 질서 속에서 여러 권위를 경험하게 됩니다. 그러나 타락한 인간은 마음으로부터 권위에 대한 뿌리 깊은 반항심을 드러냅니다. 성장할수록 점점 권위로부터 벗어나려고 합니다. 사춘기 때 그 성향은 폭발적으로 표출됩니다. 자신이 권위 자체가 되려고 합니다. 그 누구의, 어떤 권위도 따르려 하지 않습니다.

인생을 살면서 쌓은 지식과 학위, 물질과 부, 경험과 경륜이 확보되면 될수록 그 모든 것은 인간의 탈권위적 태도를 공고히 하는 견고한 토대가 됩니다. 엄밀하게 말하면 이것은 탈권위라기보다, 자신 외에 다른 권위를 전혀 인정하지 않는 성향입니다. 이런 경험에서 완전히 자유로운 사람은 아무도 없습니다. 죄인이기 때문이고 이것이 바로 죄의 본성이기 때문입니다.

그래서 가정에서 자녀를 기를 때 권위를 가르치는 것은 매우 중요합니다. 오래전에 본 미국 영화인데, 제목도 배우도 내용도 기억나지 않습니다마는 제 뇌리에 깊이 저장된 아주 인상적인 장면을 기억합니다. 보통의 아침 식사 장면이었습니다. 엄마는 아이에게 우유를 건네지만, 아이는 따지고 듭니다.

"왜 내가 싫어하는 우유를 먹어야 해요?"

그때 엄마가 말하지요.

"엄마가 먹으라고 하니까 먹는 거야."

이것이 권위입니다. 언제나 모든 사안에서 "무조건 아무것도 묻지 말고 따지지 말고 먹으라면 먹어!"라고 말하라는 게 아닙니다. 하지만 권위는 이해를 넘어서서 순종을 요구합니다. 자녀들에게 권위를 합당하게 가르치는 것은 중요합니다. 왜냐하면 그들이 경험하고 살아가게 될 사회생활은 권위에 대한 인정을 요구하기 때문이며, 무엇보다 자녀들은 부모의 권위를 통해 하나님의 권위를 인정하는 것을 배우기 때문입니다.

십계명을 보십시오. 첫째 계명이 "너는 나 외에는 다른 신들을 네게 두지 말라"(출 20:3)입니다. 이것은 하나님께서 그 언약 백성의 최종적이며 절대적인 권위자이심을 가르치는 명령입니다. 권위를 인정하는 것이 언약 백성, 구약의 길따름이의 출발점임을 보여 주는 말씀입니다.

주님께서 제자들을 부르실 때, 특히 레위를 부르실 때의 장면도 동일한 것을 보여 줍니다. "나를 따르라"는 권위 있는 부르심 앞에 단순히 복종하는 것, 이것이 길따름이의 출발점이었습니다.

예외가 없습니다. 죄인이 하나님의 절대 권위를 인정하는 첫 번째 반응이 '회심' 곧 회개와 믿음입니다. 회심 없이 교인이 된 사람들은(이들은 참된 신자가 아닙니다!) 계속해서 하나님과 그 말씀에 대한 회의적 시각을 드러내게 됩니다. 주님의 권위에 대한 인정과 그에 대한 단순한 복종은 그들에게 불가능합니다. 사실, 길따름이가 아닌 것이지요.

절대 권위
: 그리스도와 성경

길따름이에게 궁극의 권위자는 예수 그리스도이십니다. "나를 따르라"고 하신 분의 권위는 그들의 삶 전부를 지배합니다. 신약 성경이 보여 주는 제자들의 삶이 그랬습니다. 말로만 "생사화복(生死禍福)을 주장하신다"고 하는 게 아니라, 정말 내 인생의 모든 것을 주장하시는 주님의 권위를 인정하고 그 권위 아래서 사는 것입니다.

실제로 주님은 스스로 권위를 주장하셨습니다. 당시 사람들은 주님처럼 권위 있게 말하는 사람을 본 적이 없었습니다. "이는 그 가르치시는 것이 권위 있는 자와 같고 그들의 서기관들과 같지 아니함일러라"(마 7:29).

구약의 선지자들은 "여호와께서 말씀하셨다"고 그들의 말을 시작했지만, 예수님은 "내가 진실로 진실로 너희에게 이르노니"라고 말씀하셨습니다. 예수님은 구약성경을 인용하시되 그것이 당신 안에서 성취되었다고 말씀하셨지, 당신의 주장을 뒷받침하기 위해 구약 선지자나 당대 유력한 랍비들의 말을 인용하지 않으셨습니다. 그리고 구약의 어떤 선지자와도 비교할 수 없는 이적과 기사를 행하셨습니다.

주님은 "나를 따르라" "나를 믿으라"고 직접적으로 말씀하셨습니다. 구약의 어떤 선지자도, 신약의 어떤 사도도 이런 권위로 말한 사람은 없었습니다.

예수 그리스도의 최종적이고 절대적인 권위를 인정한다는 것은 필연적으로 성경 곧 하나님의 입에서 나온 모든 말씀을 자신의 최종적, 절대적 권위로 인정하는 태도와 분리될 수 없습니다. 만일 당신이 예수 그리스도를 당신 인생의 절대적 권위로 인정한다면, 당신은 주님의 말씀을 절대 권위로 삼고 살지 않을 수 없습니다. 성경이 정말 하나님의 말씀인가 하는 문제를 여러 방법으로 논증하지 않겠습니다. 성경이 하나님의 말씀임을 믿는 것은 논증을 넘어서는 일이기 때문입니다.

장로교회의 표준 문서에 해당하는 웨스트민스터 신앙고백서는 제1장을 성경으로 시작합니다. 이유는 분명합니다. 성경의 권위가 분명하지 않다면 뒤에서 말하는 모든 것이 흔들릴 것이기 때문입니다. 1장 5항은 이렇게 진술합니다.

성경의 무오한 진리와 신적인 권위에 대한 우리의 완전한 납득과 확신은 우리의 가슴 안에서 말씀으로 그리고 말씀과 함께 증거하시는 성령의 내적인 역사로 말미암는다.

이것을 '성령의 내적 증거의 교리'라고 말합니다. 중생하고 회심하게 하신 성령께서 그 사람 안에 있는 완고한 의지에 역사하여 하나님 말씀의 권위에 대한 본성적 반감을 극복하게 하시고, 그 마음을 녹여 성경의 무오한 진리와 신적 권위에 설득되고 확신하고 항복하게 하신다는 것입니다. 그래서 회심한 사람은 성경이 무오한 하나님의 말씀이고 자신의 최종 권위임을 부정할 수 없게 됩니다. 이것이 성령으로 말미암아 길따름이가 된 사람들에게 나타나는 역사입니다.

예수님을 믿는다는 것은 예수님을 자기 인생의 최종적이고 직접적이며 실제적인 권위로 인정할 뿐 아니라 성경을 하나님의 입에서 나온 말씀으로, 절대 권위로 인정한다는 뜻입니다. 자신 외에는 어떤 권위도 인정하지 않던 죄인이 다시 하나님의 절대 권위 아래로 들어와서 사는 것입니다. 길따름이는 주 예수 그리스도와 그 말씀 곧 성경의 권위 아래 사는 사람들입니다.

믿음과 복종

이렇게 주 예수 그리스도와 성경이 길따름이의 삶에서 최종적이고 절대적 권위라면, 길따름이인 우리가 주님과 그 말씀에 대하여 취할 태도는 단순한 복종뿐입니다. 레위는 "나를 따르라"고 하신 예수님의 부르심을 듣고 모든 것을 버리고 일어나 주님을 따르지 않았습니까? 아브라함의 삶에서도 우리는 그것을 보지 않았습니까? 이들만입니까? 모든 길따름이는 구약시대든, 신약시대든 그 부르심에 단순한 복종으로 응답하며 권위 아래서 살아간 사람들이었습니다.

우리는 신앙생활에서 하나님의 말씀, 성경이 중요하다는 것을 압니다. 그러나 길따름이는 성경이 중요하다는 신념을 가진 사람이 아닙니다. 그는 매일 성경을 읽고 묵상하며 그 권위 아래 순종하는 사람입니다. 길따름이들은 모일 때마다 하나님의 말씀을 듣습니다. 길따름이의 기도는 자기 뜻대로 구하는 것이 아니라 하나님의 말씀에 드러난 하나님의 뜻으로 채워지는 기도입니다. 길따름이의 가정은 가정 예배를 통해 자녀들에게 말씀의 권위와 순종을 가르치는 가정입니다. 중요한 것은 단순히 성경을 읽고 묵상하고 듣고 기도하고 가정에서 예배를 드리는 것이 아니라, 하나님의 권위 아래서 그 말씀에 단순히 순종하는 것입니다.

예수님께 나아왔던 부자 청년을 생각해 보십시오(마 19:16-22). 그는 "내가 무슨 선한 일을 하여야 영생을 얻으리이까"라고 물었습니다. 자신은 십계명을 어려서부터 다 지켰다고도 말합니다. 그러자 주님께서 말씀하셨지요. "예수께서 이르시되 네가 온전하고자 할진대 가서 네 소유를 팔아 가난한 자들에게 주라 그리하면 하늘에서 보화가 네게 있으리라 그리고 와서 나를 따르라 하시니"(마 19:21). 우리가 알다시피 그 청년은 재물이 많았기에 "이 말씀을 듣고 근심하며" 갔습니다(마 19:22). 디트리히 본회퍼는 이 청년의 일을 이렇게 설명합니다.

> 여기에서 우리와 부자 청년의 차이점이 드러난다. 부자 청년은 '나는 예수님의 말씀에도 불구하고 부자로 살되 내적으로 내 재산의 구속을 받지 않고, 나의 부족함에도 불구하고 죄를 용서받은 것으로 만족하고, 믿음 안에서 예수와 친교를 맺을 거야'라는 혼잣말로 자기의 슬픔을 달래기보다는 오히려 슬퍼하며 떠나감으로써 복종과 믿음을 버렸다. 이 점에서 청년은 대단히 솔직했다. 그는 예수를 떠났고 이 솔직함은 실로 불복종에 기인하는 친교, 곧 예수님과 피상적으로 맺는 친교보다 더 유망한 솔직함이다.[3]

이 말은 우리를 부끄럽게 하지 않습니까? 그 청년은 믿음과 복종, 즉 주님을 믿는 것과 따르라는 명령에 대한 단순한 복종이 별개일 수 없음을 알았습니다. 하지만 우리는 거의 습관적으로, 신앙이 미성숙하다는 이유로, 주님의 명령을 영적 의미로 받아들여야 한다는 핑계로, 기타 이런저런 명분으로 믿음과 복종을 분리시키는 데 너무나 익숙한 것은 아닌지 돌아볼 필요가 있습니다. 단순한 복종을 근본적으로 제거하는 곳에서는 '자기 정당화'라는 값싼 은혜가 '예수님의 부르심'이라는 값비싼 은혜를 계속해서 밀어내기 마련입니다.

모든 것을 버리고 예수님을 따랐던 레위나, 근심하며 예수님을 떠나갔던 부자 청년이나 동일한 부르심을 받았습니다. 이 두 사람은 모두 그 부르심의 의미를 나름대로 해석하여 오해하지 않았습니다. 길따름이에게 믿음과 복종, 주님을 믿는 것과 주님과 그 말씀에 대한 단순한 복종은 분리될 수 없습니다.

말씀의 권위 아래
사는 삶

이 장을 맺기 전에, 한 가지 오해를 바로잡고 싶습니다. 많은 사람은 그리스도의 길따름이로 그분의 권위 아래 사는 삶이 억압적이고 답답할 것이라고 느낍니다. 그러나 우리가 하나님과 그 말씀의 권위 아래 산다는 것, 그리스도께 매인다는 것은 억압과는 정반대의 삶입니다.

주님은 "진리를 알지니 진리가 너희를 자유롭게 하리라"(요 8:32)고 말씀하셨습니다. 하나님의 말씀인 진리는 죄에 묶인 죄인을 자유하게 합니다. 하나님의 권위는 우리가 하나님을 사랑하기에 스스로 그 권위에 매이기를 원하는 방식으로 작동함으로 우리를 자유하게 합니다. 바울 사도가 "그리스도의 사랑이 우리를 강권하시는도다"(고후 5:14a)라고 한 고백을 생각해 보십시오. 또 바울 사도는 갈라디아 교회에 이렇게 말합니다.

> 그리스도께서 우리를 자유롭게 하려고 자유를 주셨으니 그러므로 굳건하게 서서 다시는 종의 멍에를 메지 말라 … 형제들아 너희가 자유를 위하여 부르심을 입었으나 그러나 그 자유로 육체의 기회를 삼지 말고 오직 사랑으로 서로 종 노릇 하라 갈 5:1,13

심지어 구약 율법에도 면제년에 자유를 얻게 된 종이 주인과 자신의 처자를 몹시 사랑하여 자유의 권리를 버리고 자발적으로 평생 종이 되겠다고 서약하는 규정이 나옵니다(출 21:1-6). 사랑에 매이면 사랑하는 대상이 원하는 것을 하되, 억지가 아닌 기쁨으로 하게 되는 것을 당신은 경험했을 것입니다.

하나님께서 원하시는 것은 기록된 하나님의 말씀인 성경에 명시되어 있습니다. 그래서 이 말씀은 하나님을 사랑하는 모든 신자에게 절대 유일의 권위이자, 기쁨의 원천이 됩니다. 그리고 단순한 복종으로 모든 주님의 말씀에 반응하게 됩니다. 주님을 따르는 그 길은 자유롭고 행복한 길입니다.

당신은 주님의 길따름이입니까? 누군가가 당신의 삶을 바라본다면 그 삶에서 권위를 발견합니까? 당신을 보고 "당신 위에 있는 그 권위는 도대체 무엇입니까?"라고 물을 만한 삶을 살고 있습니까? 당신에게 자녀가 있다면, 자녀가 당신의 삶이 주님과 그 말씀의 권위 아래 사는 삶임을 인정합니까?

필라델피아 제십장로교회의 목사였던 도널드 그레이 반하우스(1895-1960)는 그리스도 없는 기독교를 염려했습니다. 그가 염려한 그리스도 없는 기독교는 사탄이 완전히 장악한 도시의 핵심 특징이었습니다. 그는 사탄이 필라델피아를 장악한다면, 술집은 모두 문을 닫고 음란물이 자취를 감출 것이고 깨끗해진 거리는 웃음 짓는 사람들로 가득할 것이라고 했습니다. 교회도 문전성시를 이룰 것이라고 했습니다. 그러나 단 한 가지, 교회 강단에서 그리스도가 선포되지 않을 것이라고 말했습니다.[4]

그리스도 없는 기독교는 당연히 따름이 없는 기독교, 단순한 복종이 없는 기독교일 것입니다. 믿음이 곧 복종이라는 생각을 해보았습니까? 주님께서 레위를 부르셨을 때, 그에게는 그리스도에 대한 어떤 믿음이 있었겠습니까? 그는 따름으로써 그 겨자씨 같은 믿음을 보여 준 것입니다.

"나를 믿으라"는 주님의 말씀에 복종하지 않는 한, 그 첫걸음을 떼려고 하지 않는 한, 당신은 믿음을 얻지 못할 것입니다. 믿음은 그리스도의 권위 아래 복종하는 첫걸음입니다. 지금도 주님은 이 말씀을 통해서 부르십니다.

"나를 따르라."

만일 당신이 오래도록 신앙생활을 했지만 아직 제대로 주님을 따른다고 말할 수 없다면, 주님의 이 부르심에 응답하길 바랍니다. 만일 당신이 하나님의 말씀이 믿어지지 않아 씨름하고 있다면, 주님의 이 부르심에 단순한 복종으로 응답하는 첫걸음을 떼어 보길 바랍니다. 왜냐하면 주님은 따름으로써만 알 수 있는 분이시기 때문입니다.

만일 당신이 지금까지 주님을 따라 여기까지 왔다고 생각한다면, 그리고 그것이 당신의 힘과 능력으로 온 것이 아님을 알고 인정한다면, 지금 다시 응답할 수 있길 바랍니다. "온전히 그리고 계속해서 주님의 모든 계명에 주의하여 주님을 따르고 싶습니다"라고 말입니다. 당신의 영적 상황이 어떤 상황에 있든지, 지금이 바로 "나를 따르라"고 당신을 부르시는 주님 앞에 단순한 복종으로 반응해야 할 순간입니다. 그 절대 권위 앞에서 말입니다.

The Wayfollower

8장

자기 부인

: 주님 뜻이 옳습니다, 제가 틀렸습니다

길따름이가 살아가는 삶의 일상에서는 매일 매 순간,
'때때로'가 아니라 날마다 자기 부인이 요구됩니다.
자기 부인은 우리의 신앙을 한낱 관념이 아닌
실재가 되게 만들어 줍니다.

길따름이가 살아가는 삶에서 자기 부인은 매일의 일상입니다. 이것을 너무나 잘 아셨던 주님은 "누구든지 나를 따라오려거든 자기를 부인하고 자기 십자가를 지고 나를 따를 것이니라"(마 16:24)고 말씀하셨습니다. 성경을 읽다가 마음에서 부대낄 때가 있습니다. 주님의 말씀이 내가 원하는 바와 다를 때입니다. 이때도 필요한 것은 자기 부인입니다. 이 자기 부인은 참된 경건의 요체입니다.

길따름이의 삶에서 자기 부인은 '때때로'가 아니라 날마다 요구됩니다(눅 9:23). 길따름이가 살아가는 삶의 일상에서는 매일 매 순간 자기 부인이 필요합니다. 우리에게는 사랑할 수 없는 사람, 받아들이기 힘든 사람들이 있습니다. 일터에는 물론, 집안에도 있을 수 있고 심지어 교회에서도 그런 지체를 만날 수 있습니다. 그런데 주님은 내가 너희를 사랑한 것 같이 너희도 서로 사랑하라고 말씀하십니다(요 13:34-35). 또 원수를 사랑하고 자신을 미워하는 사람을 선대하라고도 말씀하십니다(눅 6:27). 미워하지만 않고 신경 끄고 지내는 것만으로 만족하지 말고, 그를 선대하고 사랑하라고 말씀하십니다. 하지만 우리에게는 그럴 마음이 없습니다. 여기서 자기 부인이 필요합니다.

"주님의 뜻이 옳습니다. 제가 틀렸습니다. 그런데 순종할 힘이 없으니 제게 은혜를 주셔서 순종할 수 있게 해주세요. 그리고 말씀하신 대로 순종하겠습니다. 그를 사랑하고 선대하겠습니다."

이것이 자기 부인입니다. 이런 자기 부인은 길따름이의 인생에 특별한 이벤트가 아니라, 삶의 일상에서 날마다 경험하는 일입니다. 언제나 우리 안에 사랑할 수 있는 풍부한 자원이 넘쳐서 누군가를 사랑할 수 있는 것이 아닙니다. 그런 사람은 없습니다. 그래서 자기 부인이 필요합니다.

특별히 결혼 생활에서 자기 부인이 필요합니다. "주께 하듯" 남편에게 복종하는 일과 주님께서 교회를 위하여 하신 것처럼 아내를 사랑하라고 하신 말씀은 저절로 되는 게 아니기 때문입니다(엡 5:22-28). 부부간에도 이기적 욕구가 발동하고 이기적으로 행동할 때가 얼마나 많습니까? 우리 삶의 어떤 영역도 하나님의 말씀을 떠나서 존재할 수 있는 영역은 없습니다.

그래서 길따름이에게는 삶의 일상에서 날마다 자기 부인이 요구됩니다. 자기 부인은 우리의 신앙을 한낱 관념이 아닌 실재가 되게 만들어 줍니다. 일상의 삶에서 자기 부인이 없는 신앙은 사실상 관념에 불과하기 쉽고, 거기서는 주님을 닮아가는 일이 일어나지 않으며, 인생의 쓴 열매들을 많이 거두게 될 것입니다.

자기 부인의 본질

그가 모든 사람을 대신하여 죽으심은 살아 있는 자들로 하여금 다시는 그들 자신을 위하여 살지 않고 오직 그들을 대신하여 죽었다가 다시 살아나신 이를 위하여 살게 하려 함이라 고후 5:15

바울 사도의 이 말씀에 의하면, 그리스도인이 자기중심적으로 살아가는 것은 자신이 받은 은혜를 부정하는 일입니다. 칼빈은 『기독교 강요』에서 우리가 구별된 자로서 하나님의 것이 되었다는 사실이 자기 부인의 전제라고 말합니다.[1]

하나님의 것이 된 우리가 하나님의 영광을 구하지 않고 스스로를 자신의 것인 양 생각하고 행동할 수 없다는 것입니다. 신자는 자신의 몸을 하나님께 거룩한 산 제물로 드려야 하는 존재입니다(롬 12:1-2).

두 번째 전제도 있습니다. 신자는 하나님 아버지께서 모든 필요를 채워 주심을 알고 믿는 사람입니다(마 6:32). 이 근거에서 주님은 자기 필요를 채우려고 하지 말고, 하나님의 의와 그의 나라를 추구하는 최우선적 목적을 가지고 살라고 하십니다(마 6:33). 자기 부인은 최우선으로 자기 필요를 채우는 데 몰두하는 삶을 살지 않는 것입니다. "자신을 위하여 살지 않고" 자신을 "대신하여 죽었다가 다시 살아나신" 주님을 위해 사는 삶입니다.

여기서 생각할 점들이 있습니다. 먼저 생각할 것은 '구원은 나에게 그렇게 큰 사건인가? 내가 더 이상 나를 위해서 살지 않고 주님을 위해서 살아야 할 만큼, 내가 받은 구원이 그렇게 큰 것인가?'입니다. 자기를 부인하는 삶의 전제, 그 근거는 신자 자신에게 일어난 구원 사건입니다. 성경은 이 구원을 새로운 창조 사건으로 설명합니다(고후 5:17). 어떤 수단이나 방법으로도 죄의 속박에서 벗어날 수 없는 인생, 영원한 저주와 지옥의 형벌로부터 벗어날 수 없는 인생을 구원하시려고, 사람이 되신 그리스도께서 우리 대신 십자가에 달리시고 율법의 저주와 형벌, 하나님의 모든 진노를 받으시고 죽으셨습니다. 이 사실에 근거하여 내가 죄의 속박과 모든 저주와 형벌과 진노의 영원한 운명에서 벗어났다는 것, 이것이 신자의 인생에 일어난 구원 사건 곧 복음입니다. 하나님은 이렇게 죄인을 향한 그분의 사랑을 확증하여 주셨습니다(롬 5:8). 이 사건을 제대로 안다면 우리는 더 이상 나를 위해 살지 않고, 나를 대신하여 죽으시고 다시 사신 주님을 위해 살려고 할 것입니다.

두 번째로 생각할 점은, 구원이 실제로 그렇게 큰 사건인 것이 맞지만 그 큰 구원을 그만큼 알고 느끼지 못할 수도 있다는 것입니다. 하지만 아무리 작은 믿음일지라도 그 믿음이 참되다면, 성령님께서는 자기를 부인하며 하나님을 기쁘시게 하는 삶을 살고 싶어하는 거룩한 욕구를 그 사람 안에 주십니다. 우리가 이 큰 구원의 은혜를 얼마나 깨달았는지와 무관하게, 참된 신자에게 자기 부인은 선택 사항일 수 없다는 말입니다.

하지만 구원의 은혜를 받았다고 해서 자기 부인이 저절로 일어나는 것은 아닙니다. 바울 사도가 갈라디아서 5장에서 말씀한 대로, 신자의 내면에서는 성령과 육체의 소욕이 끊임없이 싸우기 때문입니다. "육체의 소욕은 성령을 거스르고 성령은 육체를 거스르나니 이 둘이 서로 대적함으로 너희가 원하는 것을 하지 못하게 하려 함이니라"(갈 5:17). 그러므로 신자가 육체의 욕심을 이루지 않으려면 자기 부인이 필요한데, 이 자기 부인이 바로 성령을 따라 행하는 삶입니다(갈 5:16). "그리스도 예수의 사람들은 육체와 함께 그 정욕과 탐심을 십자가에 못 박았"(갈 5:24)기 때문입니다.

이 말씀에 의하면, 신자의 삶은 죄 그리고 자신 안에 있는 죄성과 싸우는 삶입니다. 여기서 자기 부인은 자기 도취, 자기 탐닉, 자기 만족, 자기 결정과 같은 모든 자기중심적 성향을 부정하고 죽이는 일입니다. 자기중심적 성향의 끝은 자기 숭배이기 때문입니다. 자기를 숭배하는 사람은 결코 주님을 따를 수 없습니다.

이 자기 숭배 성향이 처음으로 죽임을 당하는 사건이 '회심'입니다. 회심은 그래서 길따름이의 삶의 여정에서 경험하는 첫 번째 자기 부인입니다. 사람은 회심할 때 자기의 이성과 능력과 자신에 대한 믿음을 진정한 의미에서 처음으로 부인하게 됩니다. "나는 아무것도 아닌 비참한 죄인입니다"라는 고백을 하나님 앞에서 처음으로 하게 되는 것입니다. 신자의 삶에서 이어지는 모든 자기 부인은 이 첫 번째 자기 부인, 회심에 기초하여 이루어집니다.

자기 부인은 사실 자기가 아무것도 아님을 알고 인정하는 일, 자신의 죄인 됨과 실패를 인정하는 일이기 때문에 비참합니다. 바울 사도의 고백에서 보듯이, 자기 부인은 자신을 수식하고 떠받쳐 주던 모든 것을 배설물로 여기는 일입니다(빌 3:8). 자기 인생에서 진짜 소중한 것은, 그리스도 예수밖에 없다는 사실을 아는 것입니다.

자기 부인과
깊이 있는 신앙

자기 부인은 길따름이의 삶에서 깊이 있는 신앙을 만들어 냅니다. 자기 부인은 우리를 피상적 신앙에 머물게 하지 않습니다. 자기 부인이 없는 신앙은 아무리 많은 신학 지식을 가지고 많은 경건의 실천을 한다고 할지라도 피상성을 벗어날 수 없습니다. 하지만 자기 부인은 점점 더 자신의 비참함, 죄성, 부정직함, 자기기만을 들여다보고 그것들을 직면하게 함으로써 깊은 은혜의 자리로 우리를 인도합니다. 자기 부인을 통과하여 형성되는 신앙은 결코 가볍지도, 피상적이지도 않습니다.

특별히 우리는 기도할 때 자기 부인을 경험합니다. 하나님께 무릎을 꿇는 기도의 행위는 "주님, 저는 아무것도 아닌 존재임을 이제 알았습니다. 주님, 제 안에는 누군가를 사랑할 수 있는 자원이 없습니다"라는 고백입니다. 이것이 자기 부인입니다. 자신의 무력함을 인정하고 하나님의 도우시는 은혜를 구하는 것입니다. 우리가 익히 아는 찬양 〈날마다〉의 가사에서 보듯이 '주님의 도우심을 바라보며 모든 어려움을 이기는 일, 인생의 어려운 순간마다 주님의 약속을 생각하는 일, 주님 앞에 내 몸을 맡기는 일'이 모두 자기를 부인하는 일입니다. 자기 부인이 없이는 하나님께 나아갈 수 없습니다.

기도는 본질적으로 하나님의 뜻과 내 뜻이 만나는 자리입니다. 말씀을 읽고 들으면서 내 뜻과 다른 하나님의 뜻을 알게 될 때, 우리는 무릎을 꿇습니다.

예수님은 십자가를 앞에 두고 겟세마네 동산에서 기도하실 때 "나의 원대로 마시옵고 아버지의 원대로 하옵소서"라고 하심으로 자신을 부인하셨습니다(마 26:39). 하물며 우리의 기도는 어떠해야 하겠습니까? 기도는 하나님 앞에서 내 뜻을 주장하거나 고집하는 것이 아니라, 내 뜻을 하나님의 뜻 앞에 내려놓는 일입니다. 그래서 기도는 자기 부인입니다.

자기 부인은 그리스도인의 윤리를 좀먹는 두 가지 위험을 바로잡아 준다는 점에서 유익합니다. 첫째는, 마음의 내적 상태보다 외적 기준에 더 관심을 쏟으려는 죄인의 성향에 제동을 겁니다. 껍데기가 아니라 자신의 중심을 대면하게 만듦으로써 그렇게 합니다.

둘째로는 다른 사람에게는 엄격하고 자신에게는 관대해지려는 경향에서 우리를 지켜 줍니다. 그리고 이 자기 부인은 그 자체로는 악하지 않은 일이므로 내게 그것을 행하고 누릴 자유가 있을지라도, 형제의 마음이 그것 때문에 힘들 수 있다면 그것을 행하지 않을 자유를 행사하게 합니다. 신앙은 이런 자기 부인의 과정을 통해 깊어집니다.

자기 부인과
십자가 짐

이제 조금 더 나가 봅시다. 주님께서는 자기를 부인하고 자기 십자가를 지고 따라오라고 말씀하셨습니다(마 16:24). 자기 부인과 십자가 짐은 어떤 관계입니까?

칼빈은 『기독교 강요』에서 [자기 부인](3.7)에 이어 [십자가 지는 일](3.8)을 다루면서 십자가 지는 일을 '자기 부인의 일부'라고 했습니다. 즉, 십자가 지는 일은 자기 부인과 별개가 아닌, 그 연장이고 일부라는 것입니다.

예수님 당시 십자가는 목걸이 펜던트가 아니었습니다. 그것은 인간이 고안해 낸 최고로 잔인하고 무시무시한 사형틀이었습니다. 십자가형은 특별히 개인의 존엄에 대한 궁극적 모욕, 즉 창피를 주고 인간성을 말살하는 최후의 처방으로 고안된 것이었습니다. 처형을 당하는 자가 어떤 수준에서도 인간 사회에 부적합하다는 것을 보여 주기 위해서, 수치에 수치를 더하는 처형 방식이 십자가형이었습니다.[2] 날마다 십자가를 지고 나를 좇으라는 주님의 말씀은 날마다 고통과 수치를 무릅쓰고 죽는 것 외에 다른 것을 의미할 수 없었습니다. 또 바울 사도는 "나는 날마다 죽노라"(고전 15:31)고 고백하지 않았습니까? 우리는 이것을 어떻게 이해해야 합니까?

사람은 누구나 예외 없이 자기 마음대로, 자기 뜻대로 살려는 의지를 가지고 있습니다. 아무도 죽음을 달가워하지 않습니다. 주님께서 우리에게 십자가를 지고 따르라고 하신 말씀은 주님을 따라오려면 자기 마음대로 살려는 의지, 자신이 존중받고 높임을 받으려는 것을 포기하라고 하신 것입니다. 죽은 자는 의지가 없습니다. 사람은 이렇게 자기를 부인하고 십자가를 지고 주님을 따름으로써 죽음을 연습합니다. 그리고 이렇게 죽을 때, 부활의 생명을 경험하게 됩니다.

우리 안에서 두 의지, 두 욕구가 부딪힐 때마다 하나는 죽어야 합니다. 그때마다 신자는 육체의 소욕을 죽이는 자기 부인, 십자가 짐을 요구받습니다. 그러나 이 죽음은 사실 살기 위해 죽는 죽음입니다. 성 프란치스코가 그 유명한 '평화의 기도'에서 구한 대로, "우리는 줌으로써 받고, 용서함으로써 용서받으며, 죽음으로써 영생을 얻습니다."

중요한 것은 하나님께서 강제로 우리 의지에 반하여 십자가를 지우지는 않으신다는 사실입니다. 십자가를 지라고 하셨지, 십자가를 지우겠다고 하지 않으셨습니다. 주님을 따르려고 자기를 부인하는 사람이 순종하여 의지적으로 십자가를 지는 것입니다.

주님을 사랑하기 때문에, 주님을 따라가고 싶어서 십자가를 지는 것입니다. 이것은 날마다 자아를 죽이고 하나님을 높이는 일입니다. 자기 부인은 자신과 자기 관심사를 세상의 중심에 놓으려는 본성, 어떻게든 고난과 죽음을 피하려는 본성에서 벗어날 것을 요구합니다. 중요한 것은 얼마나 고난과 죽음을 피하고 사느냐가 아니라, 내 뜻과 내 의지가 아닌 주님의 뜻과 주님의 의지를 따라 사느냐는 것입니다.

자기 부인을 위한 실제적 지침

그럼, 자기 부인에 이르기 위해 우리가 할 수 있는 것이 있습니까? 이것은 우리의 의지로 성공할 수 있는 일은 아닙니다. 그래서 성령님께서 주시는 마음이 우리 안에서 커져 가고 우리 의식을 다스리게 하는 일이 중요합니다.

먼저, 자기 마음의 부패와 악함을 묵상할 필요가 있습니다. 바울 사도는 "내 속 곧 내 육신에 선한 것이 거하지 아니하는 줄을 아노니 원함은 내게 있으나 선을 행하는 것은 없노라"(롬 7:18)고 고백하지 않습니까? 이러한 자각이 깊어지고 이 사실을 깊이 깨달으며 고백하는 것이 자기 부인의 전제입니다.

또한 자기 부인을 위해서는 그리스도의 십자가를 묵상하는 것이 전제됩니다. 이렇게 함으로써 우리 마음에 주님을 향한 사랑이 커져 가고 자기 사랑은 줄어드는 것을 경험할 수 있기 때문입니다. 이 두 가지 묵상이 우리 안에서 어떤 마음을 만들어 내는지를 아이작 왓츠(1674-1748)의 찬송시는 잘 보여 줍니다. 찬송가 149장입니다.

주 달려 죽은 십자가 우리가 생각할 때에
세상에 속한 욕심을 헛된 줄 알고 버리네

죽으신 구주밖에는 자랑을 말게 하소서
보혈의 공로 힘 입어 교만한 맘을 버리네

못 박힌 손발 보오니 큰 자비 나타내셨네
가시로 만든 면류관 우리를 위해 쓰셨네

온 세상 만물 가져도 주 은혜 못 다 갚겠네
놀라운 사랑받은 나 몸으로 제물 삼겠네

성경을 읽고 배우고 묵상하고, 성경으로 기도하고, 설교를 들을 때마다 인간의 전적 부패와 십자가 대속의 은혜를 중심에 두고 묵상하려고 해야 합니다. 주님께서 날마다 십자가를 지고 나를 따르라고 명령하셨다면 길따름이가 자기를 부인하고 십자가를 지는 것은 날마다, 평생, 언제나, 어디서나 행해야 하는 일입니다. 당신은 자신의 죄성을 알고 그리스도의 십자가를 더 자주, 더 많이 생각하고 묵상해야 합니다.

자기 부인에 주어지는 은혜의 선물

자기 부인에는 보상이 있습니다. 사실, 보상이라기보다는 자기 부인에 따라오는 은혜의 선물입니다. 첫 번째로, 그것은 영적 기쁨과 확신입니다. 영적 기쁨은 자기 부인이라는 산고를 통해 주어집니다. 오늘날 많은 신자가 확신을 누리지 못하는 한 가지 이유는 자기를 부인하고 십자가를 지는 삶이 없기 때문입니다. 당신이 여기에 해당되지는 않습니까?

교회 역사 속의 순교자들이나 박해 속에서 믿음의 인내를 보여 준 신앙의 선배들이 누렸던 확신과 영적 희열을 생각해 보십시오. 그들은 자기 부인의 결국인 물리적 죽음―자기 십자가 짐―앞에서 하나님께서 그들에게 부어 주시는 영적 기쁨과 확신을 비상한 방식으로 누렸습니다. 칼빈은 『기독교 강요』에서 이렇게 말합니다.

자기 자신에게 안전과 유익을 준다고 여겨지는 것에만 매력을 느끼는 것이 우리의 연약한 모습이기 때문에, 하늘에 계신 우리 아버지께서는 그가 우리에게 가하신 그 십자가가 동시에 우리의 구원이 된다는 확신을 주시고 그리하여 우리를 위로하신다.

그러므로 그런 환난이 우리에게 유익이 되는 것이 분명하다면, 그런 환난을 조용히 감사의 마음으로 받아들이지 않을 이유가 어디 있겠는가? 어쩔 수 없어서 그런 환난을 인내로 견디는 것이 아니라, 그 환난으로 말미암아 우리에게 있을 유익을 생각하며 거기에 만족하여 견디는 것이다.

이렇게 생각하면, 십자가를 지면서 본성적으로 쓰라림을 느끼고 괴로워하겠지만 그러나 동시에 그만큼 영적인 기쁨으로 가득하게 되며, 그렇게 되면 기쁨을 느끼지 않고서는 도저히 나올 수 없는 그런 감사가 우리 속에서 우러나오게 되는 것이다. 주님을 향한 찬양과 감사는 즐겁고 기쁜 마음이 아니면 나올 수가 없기 때문에 ─그 어떠한 것도 우리 속에서 나오는 이런 즐거움과 기쁨을 막을 수가 없다─ 십자가의 쓰라린 고통을 신령한 기쁨으로 이기는 일이 얼마나 절실한가 하는 것이 분명해지는 것이다.[3]

이런 기쁨과 확신은 자기 부인과 십자가 짐에 따라오는 은혜의 선물입니다.

둘째로, 자기 부인은 참되고 깊은 성품의 변화를 가져옵니다. 사람은 말씀을 듣는 것만으로 변하지 않습니다. 듣고 행하는 것이 중요하다고 주님께서 말씀하신 대로(마 7:24-27), 행함은 순종이며 자기 부인입니다.

하나님 말씀의 권위 앞에서 단순한 복종으로 반응하기 위해서 자기를 부인하는 사람은 심령이 변합니다. 세월과 함께 그의 성품 또한 그리스도의 아름다운 모습을 닮아 변화됩니다. 하지만 이 모든 일은 은혜의 역사임을 기억해야 합니다. 나이가 들어갈수록 그리스도의 성품을 닮기를 원한다면, 지금 자기를 부인하고 십자가를 지고 주님을 따라야 합니다.

세 번째로, 자기 부인의 결과로 주어지는 은혜의 선물은 하나님과 정렬된 삶입니다. 성화의 여정은 오랜 순종의 과정이고, 이 과정에서 자기를 부인하고 주님을 따른 이들은 점차 하나님과 한 방향으로의 정렬을 경험합니다. 하나님의 목적이 내 인생의 목적이 되고 하나님의 소원이 나의 소원이 되며 하나님의 뜻이 나의 뜻이 되는 것입니다.

이것은 얼마나 행복하고 즐거운 일입니까? 이 일은 어느 날 갑자기 일어나지 않습니다. 이 복된 은혜는 날마다 자기를 부인하고 주님을 따르는 이들의 삶에서 점차 드러나는 결과입니다. 그러므로 성화의 과정은 자기 부인의 과정입니다.

왕이
오십니다

당신의 삶에서 자기 부인은 날마다 일어나고 있습니까? 날마다 자기를 부인하며 주님을 따르고 있습니까? 정말 주님의 길따름이가 되고자 합니까? 그렇다면 자기를 부인하고 날마다 십자가를 져야 합니다.

또 묻습니다. 정말 그리스도 닮기를 원합니까? 그리스도의 덕과 성품을 닮기를 소원합니까? 당신은 노년에 이르렀을 때 고집불통인 노인이 되기를 원합니까, 아니면 아름다우신 그리스도를 닮아 그 성품을 반영하는 경건한 어른이 되기를 원합니까? 그리스도의 제자, 길따름이가 된다는 것은 그리스도로부터 배우는 것이고 그리스도를 닮아가겠다는 뜻입니다.

바울 사도는 자신이 그리스도를 본받는 것같이 성도들이 자기를 본받을 것을 권했습니다(고전 11:1). 그리스도의 제자가 되는 것은 단지 그분의 가르침을 머릿속에 집어넣는 것이 아닙니다. 그것은 그분을 닮는 것입니다. 정말 그리스도 닮기를 원한다면, 그리스도의 덕과 성품을 닮기를 소원한다면, 자기를 부인하는 일은 중요합니다. 자기를 부인하는 것은 더 이상 나를 위해 살지 않고 나를 위해 죽으셨다가 다시 사신 분을 위해 사는 것입니다.

주님께서 한 어리석은 부자의 이야기를 들려주신 적이 있습니다(눅 12:16-21). 부자는 평생 누릴 많은 재산을 쌓아두고 여생을 평안히 쉬고 먹고 마시고 즐거워하겠다고 생각하지만, 그날 밤 하나님께서 그 생명을 취하여 가시면서, 그가 모아놓은 모든 것이 누구의 것이 되겠느냐고 도전하셨습니다.

이 부자는 왜 "어리석은 자"라고 불립니까? 우리는 언제라도 주님께서 부르시면 가야 하는 인생입니다. 단지 그날을 생각하지 못하고 살았다는 것만이 문제가 아닙니다. 부자라는 사실도 문제가 되지 않습니다. 문제는 "자기를 위하여" 재물을 쌓아두었다는 점입니다. 그는 하나님께 대하여는 부요하지 못했습니다(눅 12:21). 그는 오직 자신만을 위해 살았습니다. 그에게는 자기 부인이 없었습니다. 그래서 그는 어리석은 부자라고 불립니다. 이것은 신자의 삶이 아닙니다. 빌리 그레이엄은 1974년 제1차 로잔 세계복음화대회 폐막식 설교에서 이렇게 말했습니다.

> 왕이 오십니다. 그러므로 담대함과 절제를 가지고 좀 더 단순한 삶을 기꺼이 살아갑시다. 여러분은 기꺼이 자신을 부인하고 십자가를 질 의사가 있습니까? 왕이 오고 계십니다.[4]

그 왕은 더 이상 우리가 우리를 위해 살지 않고 그분을 위해 살도록 하시기 위해, 우리를 대신하여 죽으셨고 다시 사신 그리스도이십니다. 그 왕은 "누구든지 나를 따라오려거든 자기를 부인하고 자기 십자가를 지고 나를 따를 것이니라"(마 16:24)고 부르신 그리스도이십니다.

자, 이제 더 이상 나 자신을 위해 살지 않고 나를 대신하여 죽으시고 다시 사신 그리스도를 위해 살기를, 자기를 부인하고 자기 십자가를 지고 주님을 따르는 은혜를 주시기를 구합시다. 왕이 오십니다.

9장

부활 생명

: 오늘, 지금, 여기서 경험하고 누립니다

신앙은 먼 미래에 일어날지도 모르는 일에 거는
막연한 희망과 기대가 아닙니다.
신앙은 지금 내가 여기서 경험하고 누리고 살아가는
삶의 실재입니다.

사람이 피할 수 없고 가장 무력감을 느끼는 실재는 죽음입니다. 죽음은 단순히 죽는 그 순간의 경험만을 일컫는 게 아닙니다. 죽음에 이르는 과정 또한 깊은 무력감을 느끼게 합니다. 스스로는 아무것도 할 수 없고, 먹고 배설하는 기본적인 일까지 누군가에게 의존해야 해야 한다면 형언할 수 없는 무력감이 들 것입니다. 우리는 자신의 죽음만이 아니라, 사랑하는 사람의 죽음을 통해서도 무력감을 경험합니다. 죽음 앞에서 우리가 할 수 있는 일이 있던가요? 아무것도 없습니다. 길따름이의 인생에서도 예외가 아닙니다.

성경에서 우리는 사랑하는 오라버니 나사로의 죽음 앞에서 무력감을 느끼는 마르다를 봅니다. 그녀는 "주께서 여기 계셨더라면 내 오라버니가 죽지 아니하였겠나이다"라고 말합니다(요

11:21). 그런 마르다에게 주님께서 말씀하십니다.

> 나는 부활이요 생명이니 나를 믿는 자는 죽어도 살겠고 무릇 살아서 나를 믿는 자는 영원히 죽지 아니하리니 이것을 네가 믿느냐 요 11:25-26

성경은 '생명'에 관해 많이 말씀합니다. 창세기 3장에서 인간의 범죄 이후로 찾아온 '죽음'이라는 피할 수 없는 인간의 실존 때문에, 하나님의 구원은 종종 '생명'으로 표현됩니다. 특히 사도 요한이 좋아하는 단어 중 하나가 생명(ζωή)입니다. 이 단어는 신약 성경에서 135회 사용되는데, 요한이 거의 절반에 해당하는 66회(요한복음 36회, 요한일서 13회, 요한계시록 17회)를 사용합니다. 요한은 주님께서 이 죽음을 죽이시기 위해 이 땅에 오셨고, 죽음 앞에 무력한 우리를 건지시기 위해서, 죽음의 실존 아래 사는 우리에게 생명을 주러 오셨다고 말합니다.

> 내가 온 것은 양으로 생명을 얻게 하고 더 풍성히 얻게 하려는 것이라 요 10:10b

이 장에서 우리가 생각하려는 '생명'이라는 주제는, 단지 육체적 죽음을 넘어 부활 이후에 누릴 생명을 말하려는 게 아닙니다. 주님께서 마르다에게 "무릇 살아서 나를 믿는 자는 영원히 죽지 아니하리니"라고 하신 말씀에 주목하려고 합니다. 주님께서 마르다에게 "이것을 네가 믿느냐?" 물으셨듯이 저도 묻습니다. 당신은 주님의 이 말씀을 믿고 있습니까?

죽음을 대하는 태도

사람들이 죽음 앞에서 보이는 일반적인 태도가 있습니다. 자신의 죽음이든, 사랑하는 이의 죽음이든 크게 다르지 않습니다. 첫 번째 태도는 "만일 하나님이 계신다면…"입니다. 그가 신자인지 아닌지는 문제가 되지 않습니다. 심지어 무신론자도 죽음 앞에서 하나님을 떠올릴 수 있습니다. 선천적 질병을 안고 태어난 딸의 죽음 앞에서 하늘을 향해 삿대질하며 하나님을 욕하던 한 아버지가 생각납니다. 철저한 무신론자였던 그가 존재하지도 않는다고 생각한 하나님을 향해, 사랑하는 딸의 죽음 앞에서 느낀 무력감을 표현한 것입니다.

마르다도 예수님께 이렇게 말합니다. "주께서 여기 계셨더라면 내 오라버니가 죽지 아니하였겠나이다"(요 11:21). 이것은 신자의 반응입니다. 평상시 하나님을 생각하고 사는 사람이든 그렇지 않든, 죽음 앞에서 하나님의 존재를 떠올리는 것은 자연스럽고 이상하지 않습니다.

죽음 앞에서 사람들이 보이는 태도는 더 있습니다. 회의주의자들의 반응입니다. "주님이 계셨더라면 오라버니가 죽지 않았을 텐데"라는 마르다의 말은, 한편으로는 좀 시니컬하게 느껴집니다. "믿음이 별 소용이 없더군요"라는 말로도 들립니다. 이처럼 우리는 위기의 순간에, 정말 하나님을 필요로 하는 순간에 하나님의 부재를 경험할 때 회의적으로 되기도 합니다. 그러나 결국 이것이 하나님의 은혜였고 축복이었다는 것을 나중에 고백하게 되지요.

이렇게 말하려는 사람이 있을지도 모르겠습니다. "나사로가 죽은 다음에 오셔서 그를 살리는 기적을 베푸시는 것보다, 처음부터 그가 죽지 않게 해주시는 것이 더 낫지 않은가요?" 그렇다면 절망과 무력감을 경험하지 않아도 될 테니 말입니다.

하지만 그 절망과 무력감을 통해서 우리는 주님의 생명을 알고 경험합니다. "내가 곧 생명"이라고 말씀하시는 주님을 알아가게 됩니다. 분명한 것은 이런 경험을 통해 주님께서는 우리를 기르고 계신다는 사실입니다. 그래서 주님께서는 우리가 인생에서 이런 경험들을 꽤나 하면서 살아가도록 인도하십니다. 죽음 그리고 모든 약함, 낮아짐, 굴욕의 경험들을 말입니다.

믿음이
머무는 자리

좀 더 이야기 속으로 들어가 봅시다. 마르다의 고백에서 그녀의 신앙 면모가 어떻게 파악됩니까?

> 주께서 여기 계셨더라면 내 오라버니가 죽지 아니하였겠나이다 그러나 나는 이제라도 주께서 무엇이든지 하나님께 구하시는 것을 하나님이 주실 줄을 아나이다 요 11:21-22

나사로가 죽은 지 나흘이 지났습니다. 마르다는 나사로가 다시 살아날 것은 상상도 하지 않습니다. 다만 "비록 주님이 늦게 도착하시는 바람에 나사로는 죽었지만, 그래도 나는 주님이 하나님의 특별하신 분인 줄 믿습니다"라고 고백합니다. 그녀는 주님에 대한 신앙을 포기하지는 않았지만 아쉬움과 무력감, 그로 인한 낙심에서 벗어난 것처럼 보이지는 않습니다.

당신의 신앙도 그저 마르다의 고백에서 드러나는 정도에 머물고 있지는 않습니까? 인생의 죽음과 죽음에 준하는 사건들 앞에서 무력감에 마음이 무너지고 망연자실하고 낙심하면서 주님을 따라가는 것, 그것이 우리가 말하는 기독교 신앙의 전부입니까? 생명이신 주님을 믿는 믿음은 당신이 삶에서 느끼는 무력감과 낙심에 대해서 어떤 일을 합니까?

마르다의 말을 들으신 주님께서 "네 오라비가 다시 살아나리라"라고 하시자(요 11:23) 마르다가 말합니다. "마지막 날 부활 때에는 다시 살아날 줄을 내가 아나이다"(요 11:24). 마르다의 대답은 당시 유대인들의 전통적 부활관을 보여 줍니다. 그러나 이 대답이 주님의 의도를 온전하게 드러내는 것이었을까요? 물론 그렇지 않습니다. 주님은 당장 나사로가 살 것을 의도하신 것이었으니까요. 그래서 주님은 이 유명한 말씀을 하십니다.

> 예수께서 이르시되 나는 부활이요 생명이니 나를 믿는 자는 죽어도 살겠고 무릇 살아서 나를 믿는 자는 영원히 죽지 아니하리니 이것을 네가 믿느냐 요 11:25 - 26

마르다의 대답이 무엇입니까? "주여 그러하외다 주는 그리스도시요 세상에 오시는 하나님의 아들이신 줄 내가 믿나이다"(요 11:27). 지금 마르다는 자신이 말하는 바를 다 알고 이해했다고 말할 수는 없을 것입니다. 베드로가 "주는 그리스도시요 살아 계신 하나님의 아들이시니이다"(마 16:16)라고 고백했을 때처럼 말입니다. 그러나 그녀는 자신의 이성에 따라 "주님, 저를 위로하시려고 말씀은 그렇게 하시는 것 이해합니다. 하지만 오빠는 죽었어요"라고 말하지 않습니다. 마르다가 주님의 말씀을 온전히 이해했다고 말할 수는 없을지라도, 그녀는 주님의 말씀에 전적으로 순복합니다. "주님의 말씀이 옳습니다. 주님은 그리스도시요 세상에 오신 하나님의 아들이신 것을 제가 믿습니다"라고 고백하는 겁니다. 신앙은 이성이 아니라 주님의 말씀에 순복하는 것입니다.

그럼에도 마르다가 죽음 앞에서 겪는 무력감과 슬픔을 넘어선 것처럼 보이지는 않습니다. 일반적으로 우리의 믿음이 머무는 자리가 바로 여기가 아닌가 생각합니다. 주님의 부활과 우리의 부활을 믿지만, 그 신앙이 죽음이라는 실존 앞에서 마주하는 무력감과 슬픔에 대해서는 어떤 일을 합니까?

두 가지의 부활 생명

주님은 두 종류의 부활 생명을 말씀하십니다. "나를 믿는 자는 죽어도 살겠고"라는 말씀은 죽음 이후의 부활 생명을 언급하시는 것이 분명합니다. 이것은 우리가 알고 믿고 고백하는 부활입니다. 그러나 주님은 "무릇 살아서 나를 믿는 자는 영원히 죽지 아니하리니"라며 또 다른 부활 생명을 언급하십니다. 믿는 순간 신자들에게 찾아오는 생명, 그 생명의 영속성을 말씀하신 것입니다. 이것도 부활 생명입니다. 영적으로 죽은 자가 예수님을 믿는 그 순간, 영적으로 살아나서 부활 생명을 받아 누리기 시작하기 때문입니다.

내가 진실로 진실로 너희에게 이르노니 내 말을 듣고 또 나 보내신 이를 믿는 자는 영생을 얻었고 심판에 이르지 아니하나니 사망에서 생명으로 옮겼느니라 요 5:24

믿는 자는 이미 영생 곧, 부활 생명을 누리는 자입니다. 여기서 주님께서 "나는 부활이요 생명이니"라고 하신 말씀을 같이 생각해 볼 수 있습니다. 주님은 왜 부활을 먼저 언급하실까요? 칼빈은 그의 주석에서 죽을 수밖에 없는 인간에게 생명을 말하기 위해서는 부활을 먼저 말씀하셔야만 했다고 그 이유를 설명합니다. 주님은 이어서 그 순서대로 다시 한 번 말씀하신 셈입니다. "죽어도 살겠고"와 "영원히 죽지 아니하리니"의 순서가 '부활과 생명'의 순서와 같습니다. 마르다는 이 땅에서 예수님을 믿을 때 주어지는 첫 번째 부활 생명을 알았고 그것을 고백했습니다. 그리고 마지막 날에는 모든 죽은 자의 부활이 있을 것입니다. 믿는 자는 생명의 부활로, 믿지 않은 자는 심판의 부활로 다시 살 것입니다(요 5:29). 우리도 그것을 믿고 고백합니다.

그러나 주님은 "나를 믿는 자는 영원히 죽지 아니하리니"라고 그 이상을 말씀하십니다. 우리는 사도신경에서 "몸이 다시 사는 것과 영원히 사는 것을 믿사옵나이다"라고 고백합니다. 여기서 "영원히 사는 것"은 우리의 죽음 이후에 받게 될 생명만을 의미하지 않습니다. 그 생명은 믿는 순간, 신자 안에서 이미 시작됩니다. 육체의 부활 이후에 영원히 누리게 될 생명을 현재의 삶에서 미리 맛보고 경험하는 것입니다. "내가 온 것은 양으로 생명을 얻게 하고 더 풍성히 얻게 하려는 것이라"(요 10:10b)라는 말씀도 이것을 의미하신 것입니다.

주님은 십자가를 지시기 전에 하신 기도에서도 이 생명을 언급하셨습니다. "영생은 곧 유일하신 참 하나님과 그가 보내신 자 예수 그리스도를 아는 것이니이다"(요 17:3). 이 말씀에 의하면 영생, 곧 부활 생명의 본질은 하나님과 예수 그리스도를 아는 지식입니다. 이 지식은 인격적인 지식이기에, 영생은 하나님과 예수 그리스도와의 사귐이라고 말할 수도 있습니다.

비록 이 세상에서 살아간다고 할지라도, 우리 주 예수 그리스도를 통하여 영원하신 하나님을 알고 그 하나님과의 사귐에 잇대어 살아가는 삶이 곧 영생이고 부활 생명을 사는 것입니다. 이 부활 생명은 결코 육신의 죽음에 의해서 죽임을 당하거나 끊어지지 않습니다. 이것을 바울 사도가 멋지게 표현했습니다.

내가 확신하노니 사망이나 생명이나 천사들이나 권세자들이나 현재 일이나 장래 일이나 능력이나 높음이나 깊음이나 다른 어떤 피조물이라도 우리를 우리 주 그리스도 예수 안에 있는 하나님의 사랑에서 끊을 수 없으리라 롬 8:38-39

바울 사도가 "우리 주 그리스도 예수 안에 있는 하나님의 사랑"이라고 표현한 것은 사도 요한이 "영생"이라고 표현한 것과 본질상 다른 것을 의미하지 않습니다. 사망이나 생명이나 그 어떤 것이라도, 이 부활 생명에 영향을 줄 수 없다고 선언하신 것입니다.

지금, 여기서 누리는 부활

주님을 믿는 자들은 현재의 삶에서 부활을 경험하고 부활 생명으로 살아갈 수 있습니다. 그래서 주님은 "네 오라비가 다시 살아나리라"고 말씀하신 것입니다(요 11:23). 주님은 죽은 지 나흘이 지난 나사로를 다시 살려내셨습니다. 이 사건으로 주님은 부활 생명이 반드시 종말에 일어날 부활 이후의 일이 아니라 지금 여기서 믿는 자가 경험하고 살아가는 실재이며 능력이라고 가르쳐 주신 것입니다. 이것이 나사로 부활 사건의 의미입니다.

그날 나사로는 다시 살아서 무덤에서 걸어 나왔지만 이후 어느 날 다시 죽었을 것입니다. 그러나 그의 극적인 부활 이적이 주는 의미는 분명했습니다. 부활 생명은 죽음 이후 종말의 부활 사건이 일어날 때 경험하게 될 미래의 일만이 아니라, 지금 여기서 믿는 자들이 누릴 생명입니다.

물론 나사로의 부활이 우리 삶에서 늘 반복되는 것은 아닙니다. 사랑하는 사람이 죽었을 때 우리는 나사로가 살아 돌아온 것처럼 그들을 돌려받지 못합니다. 사랑하는 사람을 위해 아무것도 할 수 없는 무력감에 그저 울고 슬퍼할 뿐입니다.

주님은 "나는 부활이고 생명이니"라고 선언하시며, "나를 믿는 자는 죽어도 살겠고 무릇 살아서 나를 믿는 자는 영원히 죽지 아니하리니"라고 말씀하십니다. "종말의 시간에 일어나는 부활만이 아니라, 지금 네가 누릴 부활 생명이 있고, '네 오라비를 포함하여' 모든 믿는 자들이 오늘 누리고 살아가는 부활 생명이 있다"는 말씀입니다.

나사로의 부활은 엄청난 사건이었습니다. 이 일을 본 많은 유대인이 예수님을 믿었습니다(요 11:45). 문제는 이 사건이 예루살렘 근교의 베다니에서 발생했다는 것이었습니다(요 11:18). 이 소식은 예루살렘의 유대 당국자들에게 큰 위기감을 느끼게 했습니다. 그래서 대제사장들과 바리새인들은 공회를 소집하고 예수님을 죽이려고 모의하기 시작했습니다(요 11:47-53).

신앙의 실재
— 부활 생명 살기

마르다는 참된 믿음을 가졌지만 주님께서 하신 말씀의 요점은 파악하지 못했습니다. 그래서 죽음 앞에서 느끼는 무력감과 슬픔을 벗어나지 못했습니다. 주님은 두 가지의 부활 생명을 말씀하셨지만 그녀는 믿는 사람이 지금 누리며 살아가는 부활 생명은 이해하지 못했습니다. 하지만 이것은 종말에 모든 죽은 자가 몸의 부활 때에 얻게 될 부활 생명만큼이나 기독교 신앙의 정수입니다. 지금 믿음으로 이 현재적 부활 생명을 누리는 사람은 종말의 날에 그 부활 생명에도 참여할 것입니다. 이 점에서 신앙은 종말론적 실재인 부활 생명을 지금 이 땅에서 경험하고 살아가는 것입니다. 로마서는 세례를 받은 후 신자의 삶을 이렇게 묘사했습니다.

> 그러므로 우리가 그의 죽으심과 합하여 세례를 받음으로 그와 함께 장사되었나니 이는 아버지의 영광으로 말미암아 그리스도를 죽은 자 가운데서 살리심과 같이 우리로 또한 새 생명 가운데서 행하게 하려 함이라 롬 6:4

여기서 바울 사도가 말하는 "새 생명"은 주님께서 마르다에게 말씀하신, 현재에 누리는 부활 생명을 의미합니다. 특별히 요한복음에서 '생명' 혹은 '영생'이라고 할 때, 그 의미는 생명의 길이보다 질을 강조하는 표현입니다. '영생'은 문자 그대로 영원한 생명이지만, 단지 시간상으로 끝이 없다는 점보다 영원하신 하나님과의 사귐을 누리는 삶이라는 강조가 더 큽니다. 그러므로 우리가 이 땅에서 신자로서 부활 생명을 사는 것은 요한복음 17장 3절에서 말씀하신 대로 "유일하신 참 하나님과 그가 보내신 예수 그리스도와의 사귐을 누리는" 삶입니다. 어떤 점에서 이 삶은 종말의 부활 후에 받아 누릴 생명이지만, 신자는 그 종말의 삶을 믿음으로 미리 누리기 시작합니다.

신앙은 신념이나 관념이 아닙니다. 신앙은 지적 동의도 아니고 입으로 하는 전통적 신앙고백으로 축소될 수도 없습니다. 신앙은 오늘 현재의 삶에서 부활 생명을 살게 합니다. 이 부활 생명을 누린다는 것은 참 하나님과 주 예수 그리스도와 사귀는 삶입니다. 앞서 길따름이의 삶은 주님과 동행하는 삶이라는 사실을 살펴보았습니다. 주님과 동행하는 것보다 더 중요한 일은 없습니다. 성공과 성취, 그 무엇이라 하더라도 말입니다. 세상에서 모든 것을 얻어도 주님과 동행하지 않는다면, 그는 부활 생명을 사는 것이 아닙니다. 그러던 어느 날 자신에게 찾아오는 죽음 앞에서 절망과 낙심, 무력감과 비통함을 벗어날 수 없을 것입니다. 부활 생명을 산 적이 없으니까요.

주님과 동행하는 삶은 주님과 소통하는 삶이고, 사귐이 있는 삶입니다. 신앙은 먼 미래에 일어날지도 모르는 일에 거는 막연한 희망과 기대가 아닙니다. 신앙은 지금 내가 여기서 경험하고 누리고 살아가는 삶의 실재입니다. 지금 내가 주님과 사귐이 있고 주님과 동행하기 때문에, 언젠가 내게도 찾아올 죽음에 의해서도 결코 끊어지지 않고 영원토록 주님과 함께 있음을 아는 것입니다.

나사로가 살아서 무덤에서 걸어 나온 후에, 마르다는 주님께서 하신 말씀의 의미를 더 깊이 알게 되었을 것입니다. 그리고 이후 어느 날 나사로도, 마르다도 죽었습니다. 만일 나사로가 마르다보다 먼저 죽었다면, 마르다가 사랑하는 오라비의 죽음을 대하는 태도는 확연히 달랐을 것이 분명합니다. 물론 자신의 죽음 앞에서도 그랬을 것입니다. 더 이상 죽음이라는 사건은, 우리를 무력하게 만들고 헤어나지 못할 절망과 슬픔으로 몰아갈 수 없음을 알았을 테니까요.

그러나 이것이 전부가 아닙니다. 나사로가 죽음에서 살아난 지 며칠 후, 예수님은 십자가에서 죽으셨고 사흘째 되는 날 무덤에서 부활하셨습니다. 주님은 죽음을 삼키셨고 죽으심으로써 죽음을 죽이셨습니다. 그래서 주님의 부활은 우리의 부활 생명을 보증합니다. 바울 사도는 주님의 부활을 말하던 중, 이렇게 소리쳤습니다. 메시지 성경으로 인용합니다.

생명이 죽음을 삼키고 승리를 거두었다! 오 죽음아, 누가 최종 결정권을 쥐었느냐? 오 죽음아, 이제 누가 너를 두려워하겠느냐? 죄가 죽음을 두려운 존재로 만들었고, 율법의 죄책이 죄에게 권세와 파괴력을 주었습니다. 그러나 생명이신 분의 단 한 번의 승리로, 그 세 가지—죄와 죄책과 죽음—가 모두 사라지게 되었습니다. 이 모두가 우리 주 예수 그리스도의 선물입니다. 그러니 하나님께 감사드리십시오. 고전 15:55-57, 메시지 성경

죽음은 더 이상 믿는 자들을 무력감에 떨며 슬퍼하게만 만드는 사건이 아닙니다. 믿는 자들은 죽음도 어떻게 할 수 없는 부활 생명을 이미 살아가는 사람들이기 때문입니다. 그렇다면, 이 현재의 시간에 부활 생명을 사는 삶이란 어떤 것일까요?

그것은 우리가 앞에서 살펴본 대로, 주님 안에 거하는 것입니다. 주님이 내 안에, 내가 주님 안에 거하는 삶입니다. 길따름이는 하나님의 선하심과 인자하심을 맛보아 알기 시작한 사람입니다. 주님께서 삶의 주인이시기에 삶의 목적이 바뀌었습니다. 자기를 위해 사는 자가 아니라 주님을 위해 살고 죽는 자가 됩니다. 그 삶은 주님의 말씀에 귀를 기울이고 듣고 순종하는 삶입니다. 주님께 그의 감정과 상태와 삶과 계획과 모든 것을 말씀드립니다. 삶의 모든 환경 속에서 다양한 감정을 가지고 하나님께 나아간 시편의 모든 기도가 그의 기도가 됩니다.

웨스트민스터 대요리문답의 1문답은 "사람의 첫째가고 가장 높은 목적이 하나님을 영화롭게 하고 마음을 다해 하나님을 영원토록 즐거워하는 것"이라고 말합니다. 길따름이는 이 사실을 인정하고 의식하고 추구하며 살게 됩니다. 그는 하나님을 즐거워할 때 가장 행복하다는 사실을 아는 사람입니다. 그리고 그 행복을 삶의 모든 조건 속에서 맛보아 알기 시작합니다. 그를 지배하는 정서도 변하게 됩니다. 하늘의 기쁨을 맛보아 누리기 시작합니다. 비록 이 세상을 사는 모든 사람이 똑같이 살아가는 것처럼 보일지라도, 믿는 자들은 질적으로 다른 생명을 이미 살고 있는 것입니다.

이 부활 생명은 죽음 앞에서, 혹은 약함과 낮아짐과 실패와 굴욕 앞에서 무력감과 절망, 슬픔과 낙담을 느껴야 하는 그 순간에 확연하게 드러납니다. 하박국 선지자의 고백이 그것을 잘 보여 줍니다.

비록 무화과나무가 무성하지 못하며 포도나무에 열매가 없으며 감람나무에 소출이 없으며 밭에 먹을 것이 없으며 우리에 양이 없으며 외양간에 소가 없을지라도 나는 여호와로 말미암아 즐거워하며 나의 구원의 하나님으로 말미암아 기뻐하리로다

합 3:17 - 18

길따름이의 삶이란 좁은 문으로 들어가 좁은 길로 행하고, 마귀의 시험을 분별하고 대적하며, 말씀의 권위 앞에 단순한 복종으로 반응하고 날마다 자기를 부인하며 주님 안에, 그 사랑 안에 거하며 동행하는 삶입니다. 이것이 새 생명 가운데 사는 삶이고 부활 생명을 사는 삶입니다. 주님의 말씀대로 영원히 죽지 않으며, 죽음도 끊어낼 수 없는 생명을 누리는 삶입니다. 주님께서 이 생명을 주시고 더 풍성히 누리게 하시려고 십자가에서 죽으셨고 부활하셨습니다. 오늘 부활 생명으로 사는 사람이 그 마지막 날에 영원토록 부활 생명을 누릴 것입니다. 그러므로 이제 이 생명을 맛보고 누리십시오. 부활하신 주님께서 우리에게 부활 생명이 되셨습니다.

사랑하는 친구 여러분, 우리를 위해 이루어진 이 모든 일을 기억하고, 굳게 서서 흔들리지 마십시오. 주저하지 마십시오. 여러분이 주님을 위해 하는 일이 시간 낭비나 헛수고가 아님을 확신하여, 주님의 일에 매진하십시오. 고전 15:58, 메시지 성경

10장

작은 자

: 주님만을 온전히 의존합니다

우리는 누구라도, 그리고 언제라도 길을 잃을 수 있습니다.
주님께서 우리를 찾아내시기 전까지는
우리 각자가 그런 처지였습니다.
그런 당신을 주님께서 찾아내신 것입니다.

우리는 서열 사회에서 살아갑니다. 이것은 한국 사회만의 특징이 아닙니다. 인간이 살아가는 세상은 어디나 그렇습니다. 서열을 무엇으로 정하느냐, 노골적으로 드러내느냐 은근히 밝히느냐의 차이가 있을 뿐입니다.

한국 사람들에게는 나이가 중요합니다. 그래서 처음 만나면 나이를 물어서 서열을 정합니다. 겉으로 드러내지는 않아도 학벌이나 학위, 연봉, 자동차 등 가늠할 수 있는 모든 기준으로 "내가 낫다, 네가 낫다"를 정합니다. 심지어 초등학교 아이들도 "너희 집 몇 평이야?"를 물어보고 서열을 정한 다음 평수가 비슷한 친구들끼리 어울린다는 씁쓸한 이야기도 듣습니다.

예수님의 제자들도 다르지 않았습니다. "천국에서는 누가 크니이까?"라고 그들은 주님께 물었습니다. 천국에서도 세상에서

처럼 권력의 서열이 존재한다고 생각한 것입니다. 해마다 선거철이 되면 권력과 서열 다툼이 시끄럽습니다. 세상은 이것을 벗어날 길이 없습니다.

제자들 안에도 이런 묘한 긴장이 있었습니다. 요한과 야고보의 어머니가 치맛바람으로 예수님께 자기 두 아들의 영전을 부탁한 일이나(마 20:20-28), 제자들이 "누가 크니이까"라고 물은 것을 볼 때, 서열 논쟁으로 서로 다투던 상황임을 알 수 있습니다(막 9:33-34).

심지어 예수님이 십자가에 달리시기 전, 그 밤에도 제자들은 "누가 크냐" 하는 문제로 겨루고 있었습니다(눅 22:24). 이런 일은 국가나 일반 조직에서만이 아니라, 교회와 교계에서도 반복적으로 일어납니다. 이처럼 서열에 대한 관심은 작은 문제가 아닙니다.

어린아이와 같이

"누가 크니이까"라는 제자들의 질문에 대한 주님의 대답은 무엇입니까? 주님은 한 어린아이를 불러 그들 가운데 세우시고 "돌이켜 어린아이들과 같이 되지 아니하면 결단코 천국에 들어

가지 못하리라" 말씀하시고 이어서 주님은 "어린아이와 같이 자기를 낮추는 사람이 천국에서 큰 자"라고 하십니다(마 18:3-4).

주님께서 "어린아이"라고 말씀하실 때 의도하신 특성은 '의존성'입니다. 어린아이는 낮은 위치에 있는 존재, 지위가 낮은 자, 힘없는 자, 약한 자를 상징합니다. 신체적으로나 사회적으로 또 법적으로 자기 권리를 주장하기 어렵기에, 의존해야만 하는 존재입니다.

주님께서 "돌이켜 어린아이들과 같이"라고 하실 때, '돌이키라'는 것은 태도를 바꾸라는 의미입니다. 즉, 의존하는 태도를 가지라는 것입니다. 또 "어린아이와 같이 자기를 낮추는"이라고 할 때 '낮춘다(ταπεινόω)'는 헬라어 동사는 '수치를 겪는다, 굴욕을 당한다'는 의미에 더 가깝습니다.

이것은 자기에게 주어지는 '낮은 지위'를 받아들이는 태도입니다. 주님의 말씀에는 모호함이 없습니다. 천국에서 큰 자는 자기를 낮추는 사람입니다. 그는 의존하는 것을 부끄러워하지 않고 자기의 약함을 인정합니다. 그리고 자기에게 주어지는 낮은 지위를 받아들입니다. 어린아이처럼 말입니다. 이것은 세상의 서열 문화에서는 결코 바람직한 것도 아니며, 익숙한 것도 아닙니다.

작은 자
한 사람

주님은 이 원리를 좀 더 확장하여 적용하십니다. "누구든지 내 이름으로 이런 어린아이 하나를 영접하면 곧 나를 영접함이니"라고 하십니다. 여기서 '어린아이'는 자기를 낮추어 어린아이처럼 된 사람 곧 그리스도의 제자, 길따름이를 포함하는 말입니다. 이들은 낮아진 사람들이고 "나를 믿는 이 작은 자 중 하나"에 속하는 사람들입니다.

사람들은 세상에서 유력하고 권세 있는 자에게 줄을 서고 그들을 환영하지만, 어린아이나 작은 자들은 무시하거나 업신여기기 일쑤입니다. 이것이 세상의 법칙입니다. 하지만 주님은 "내 이름으로 이런 어린아이 하나를 영접하면"이라고 하십니다. "내 이름으로"라는 말은 '나 때문에'라는 뜻입니다. 서열이 지배하는 세상에서는 하나같이 "어린아이" 또는 "자기를 낮추는 사람"을 무시하고 업신여기지만, 주님 때문에 이들을 환영하고 받아들이면 곧 주님을 받아들이는 것이라고 하십니다.

너희를 영접하는 자는 나를 영접하는 것이요 나를 영접하는 자는 나를 보내신 이를 영접하는 것이니라 … 또 누구든지 제자의 이름으로 이 작은 자 중 하나에게 냉수 한 그릇이라도 주는

자는 내가 진실로 너희에게 이르노니 그 사람이 결단코 상을 잃지 아니하리라 하시니라 마 10:40,42

'작은 자'는 공동체 안에서 덜 중요하거나 상처받기 쉬운 사람을 가리키는 것만은 아닙니다. 이 표현은 세상의 눈에 주님의 길따름이가 어떻게 보일 수 있는지를 시사하기도 합니다. 길따름이는 자기를 낮추는 사람들이기에, 종종 무시당하기 쉽고 약하고 중요하지 않은 존재로 여겨집니다.

여기서 주님은 작은 자를 대하는 태도를 바꾸라고 요구하십니다. 주님의 경고는 무섭습니다. "누구든지 나를 믿는 이 작은 자 중 하나를 실족하게 하면 차라리 연자 맷돌이 그 목에 달려서 깊은 바다에 빠뜨려지는 것이 나으니라"(마 18:6). "실족"은 걸려 넘어진다는 뜻입니다. 즉, 예수님과 복음을 믿지 못하도록 불신의 죄를 짓게 만드는 것을 가리킵니다.

왜 이런 일이 일어납니까? 세상에서와 마찬가지로, 교회에서도 작은 자와 자기를 낮추는 자를 무시하는 일들이 일어나기 때문입니다. 그렇게 하는 사람들은 차라리 연자 맷돌을 목에 달고 바다에 빠지는 것이 낫다고 주님은 말씀하십니다. 연자 맷돌은 지름이 1미터에서 1.5미터 가까이 되는, 짐승이 돌리는 대형 맷돌을 가리킵니다. 주님께서 사소한 문제를 너무 심각하고 무섭게 다루신다고 느껴지지는 않습니까?

주님은 마지막 심판 때의 일을 말씀하시며, 모든 민족이 심판자이신 그리스도 앞에 모일 텐데 그때 그리스도는 양과 염소를 구분하듯 사람들을 좌우로 갈라놓으실 것이라고 하십니다. 그리고 오른편에 있는 자들에게 "내 아버지께 복 받을 자들이여 나아와 창세로부터 너희를 위하여 예비된 나라를 상속받으라"(마 25:34)고 하시며 이렇게 말씀하십니다.

내가 주릴 때에 너희가 먹을 것을 주었고 목마를 때에 마시게 하였고 나그네 되었을 때에 영접하였고 헐벗었을 때에 옷을 입혔고 병들었을 때에 돌보았고 옥에 갇혔을 때에 와서 보았느니라 마 25:35 - 36

그러자 이 말을 들은 사람들이 깜짝 놀라면서 묻습니다.

주여 우리가 어느 때에 주께서 주리신 것을 보고 음식을 대접하였으며 목마르신 것을 보고 마시게 하였나이까 어느 때에 나그네 되신 것을 보고 영접하였으며 헐벗으신 것을 보고 옷 입혔나이까 어느 때에 병드신 것이나 옥에 갇히신 것을 보고 가서 뵈었나이까 마 25:37 - 39

주님의 대답이 무엇입니까? "내가 진실로 너희에게 이르노니 너희가 여기 내 형제 중에 지극히 작은 자 하나에게 한 것이 곧 내게 한 것이니라"(마 25:40).

이후에 왼편에 있는 자들에게는 정반대의 말씀을 하셨습니다. "저주를 받은 자들아 나를 떠나 마귀와 그 사자들을 위하여 예비된 영원한 불에 들어가라"(마 25:41). 이유는 동일합니다.

> 내가 주릴 때에 너희가 먹을 것을 주지 아니하였고 목마를 때에 마시게 하지 아니하였고 나그네 되었을 때에 영접하지 아니하였고 헐벗었을 때에 옷 입히지 아니하였고 병들었을 때와 옥에 갇혔을 때에 돌보지 아니하였느니라 마 25:42-43

이 말을 들은 사람들도 또한 당황하여 묻습니다.

> 주여 우리가 어느 때에 주께서 주리신 것이나 목마르신 것이나 나그네 되신 것이나 헐벗으신 것이나 병드신 것이나 옥에 갇히신 것을 보고 공양하지 아니하더이까 마 25:44

주님의 대답이 무엇입니까? "내가 진실로 너희에게 이르노니 이 지극히 작은 자 하나에게 하지 아니한 것이 곧 내게 하지 아니한 것이니라"(마 25:45). "작은 자" 한 사람에게 한 일을 주님께 한 일로 여기신다는 말씀입니다.

그래서 작은 자 한 사람에게 행하는 일은 중요하고, 주님은 이 태도를 중요하게 여기십니다. 주님은 작은 자들에 대한 우리의 태도를 바꾸라고 요구하십니다. 그렇게 해야 하는 근거는 단지 지옥을 면하기 위한 것이 아닙니다.

자신을 낮추신 예수님

주님은 두 가지로 근거를 말씀하십니다. 첫째 근거는 이것입니다.

> 삼가 이 작은 자 중의 하나도 업신여기지 말라 너희에게 말하노니 그들의 천사들이 하늘에서 하늘에 계신 내 아버지의 얼굴을 항상 뵈옵느니라 마 18:10

이 말씀은 각 신자마다 하늘에 수호천사를 두고 있다는 단정적 의미는 아닙니다. 이 구절말고는, 그것을 분명하게 지지하는 성경 말씀은 없습니다. 다만 우리는 천사들이 모든 신자를 섬기도록 동원되고 사용된다는 것을 압니다(히 1:14). 하나님을 늘 뵈옵는 천사들이 성도들을 지키고 돌보며 그들의 존재를 하나님 앞에 아뢴다는 뜻입니다. 성도들은 그렇게 존귀한 자이므로 그 작은 자 중 하나도 업신여김을 받을 수 없습니다. 이 말씀에 의하면 땅의 관점에서는 작은 자가 무가치하게 보일지라도, 하늘의 관점에서 그들은 매우 존귀한 자들입니다. 두 번째로 더 큰 근거는 이것입니다.

> 너희 생각에는 어떠하냐 만일 어떤 사람이 양 백 마리가 있는데 그 중의 하나가 길을 잃었으면 그 아흔아홉 마리를 산에 두고 가서 길 잃은 양을 찾지 않겠느냐 진실로 너희에게 이르노니 만일 찾으면 길을 잃지 아니한 아흔아홉 마리보다 이것을 더 기뻐하리라 마 18:12-13

주님은 이 비유로 길을 잃은 양과 같은 우리를 찾아오신 일을 말씀하십니다. 양은 길을 잘 잃습니다. 길을 잃은 양이 처할 운명은 사나운 짐승에게 찢겨 죽거나 이것이 아니더라도 어떤 방식으로 죽느냐의 차이만 있을 뿐입니다. 하나님이신 예수님은 그런 운명에 처한 길 잃은 양을 찾아 구원하시려고 하늘 보좌를 버리고 사람이 되어 이 땅에 오셨습니다. 길 잃은 양 한 마리를 찾으시려고 말입니다. 주님은 아흔아홉 마리를 '안전한 곳에 두고' 길 잃은 양을 찾으러 갔다고 말씀하실 수 있었지만, 아흔아홉 마리를 "산에 두고" 길 잃은 양을 찾으러 갔다고 하십니다.

의도적으로 길 잃은 양 한 마리를 찾기 위해 지불하신 비용과 위험을 극대화해 말씀하신 것입니다. 그리고 그 잃어버린 한 마리 양을 찾았을 때 길 잃지 않은 아흔아홉 마리보다 더 기뻐한다고 하십니다.

오해하지 마십시오. 이것은 아흔아홉 마리보다 길을 잃은 그 한 마리 양을 더 사랑하셨다는 뜻이 아닙니다. 목자가 잃어버린 그 양을 찾아왔을 때 아흔아홉 마리의 양들은, 그리고 그들이 생각할 수 있었다면 "내가 만약 길을 잃어도 저 목자는 반드시 나를 찾아내고야 말 거야!"라는 무한한 안정감을 느꼈을 것입니다.

우리는 누구라도, 그리고 언제라도 길을 잃을 수 있습니다. 주님은 지극히 작은 자의 존재가 하나님께 얼마나 소중한지를 보여 주십니다. 주님은 어린아이같이 의존적 존재요, 낮고 힘없고 약하고 작은 자인 나를 찾아오신 것입니다. 주님은 당신이 바로 그 길 잃은 한 마리 양이었다고 선언하십니다. 내가 생각하는 그 누군가가 아니라, 주님께서 나를 찾아내시기 전까지는 우리 각자가 그런 처지였습니다. 그런 당신을 주님께서 찾아내신 것입니다.

만일 지금 여전히 길을 잃은 채, 당신을 찾으려고 스스로 낮추신 주님을 만나지 못했다면, 지금 주님께 "나를 찾아 주십시오. 나를 발견해 주십시오. 다시 나를 당신의 품에 안아 주십시오. 나를 구원해 주십시오"라고 간구할 수 있습니다. 그때 주님은 정직한 갈망을 보시고 긍휼히 그 일을 행하실 것입니다.

천지를 창조하신 하나님이신 예수님은 이 구원을 이루려고 사람이 되셨습니다. 낮아지셨으며 굴욕을 견디셨고 십자가에서 비참하고 수치스러운 죽음을 감당하셨습니다. 주님 자신이 어린아이와 작은 자로 낮아지셨습니다. 잃어버린 우리를 찾아 구원하시려고 말입니다. 그리고 주님은 이렇게 결론을 맺으셨습니다.

> 이와 같이 이 작은 자 중의 하나라도 잃는 것은 하늘에 계신 너희 아버지의 뜻이 아니니라 마 18:14

하나님은 어린아이, 작은 자 하나를 업신여기시거나 무시하지 않으십니다. 하나님은 잃어버린 양 한 마리를 찾으려고 친히 낮아지기를 주저하지 않으셨습니다. 그렇게 낮아지신 주님은 작은 자와 당신 자신을 동일시하십니다. 여기에 우리가 낮은 자, 힘이 없고 약한 자를 사랑하고 존중할 근거가 있습니다.

예수 그리스도의 길따름이는 예수님이 하셨듯이, 예수님을 대하는 것처럼 지극히 작은 자들을 대하라는 말씀을 듣습니다. 주님은 돌이켜 어린아이와 같이 되라고, 자기를 낮추는 사람이 되라고 모든 길따름이에게 요구하십니다.

그가 죽었으나
믿음으로써 지금도 말한다

사실, 이번 장은 이 책의 원래 구상에 있던 것은 아닙니다. 몇 해 전 부활주일 저녁, 35세의 나이로 갑작스럽게 주님 품으로 먼저 떠나보낸 교회의 한 지체인 연헌이의 죽음을 생각하면서, 이 주제를 써야겠다고 생각했습니다.

히브리서 기자의 말씀대로, 의인은 죽었으나 믿음으로 말합니다(히 11:4). 믿음의 사람들은 죽었어도 그 믿음으로써 말합니다. 이미 주님의 품에 안긴 연헌이가 "그 믿음으로써" 우리에게 전하는 메시지가 있다고 믿습니다.

연헌이는 지적으로 조금의 부족함을 가지고 태어났습니다. 하지만 연헌이는 예수님의 길따름이의 모범을 가장 잘 보여 준 우리의 형제였습니다. 연헌이는 작은 자였습니다. 연헌이는 자기를 높이지 않았고 높이려고 하지도 않았습니다. 그는 자신에게 맡겨진 작은 일을 받아들이고 충성하는 것이 무엇인지를 보여 주었습니다. 매주일 교리 강의가 시작되기 전 화이트보드를 세팅하고 강의안을 나누어 주는 일을 자신에게 주어진 중요한 일로 여겼습니다. 어느 집사님의 표현대로 연헌이는 '득의양양한 미소를 지으며' 그 일을 감당해 주었습니다. 이 땅에서 연헌이는 작은 자였지만 주님의 말씀대로 천국에서는 큰 자입니다.

우리 중 그 누구도 연헌이가 우리를 사랑했고 우리를 생각했고 우리에게 메시지를 보냈고 우리에게 연락을 취했던 만큼, 연헌이에게 그렇게 하지 못했습니다. 연헌이는 스스로 작은 자로서 우리 중 그 누구도 업신여기지 않았고, 우리 모두를 영접해 주었습니다.

하나님께서 연헌이를 불러가셨을 때 저는 목사로서 교우들에게, 특별히 연헌이를 알았던 청년들에게 고마운 마음을 전하고 싶었습니다. 모두가 조금씩은 미안한 마음을 연헌이에게 가지고 있을 수도 있겠지만, 특별히 청년들은 연헌이를 공동체 안에 품어 주었고 따뜻함으로 대해 주었습니다. 저는 그래서 연헌이가 좋았을 것이라고 생각합니다.

연헌이는 자신이 공동체의 어엿한 한 식구였다는 것을 기뻐했고 즐거워했다고 저는 믿습니다. 교우들은 작은 자 중 하나인 연헌이를 업신여기지 않았고, 귀히 여겨 주었습니다. 그런 교우들에게 저는 주님의 이 말씀을 들려 주고 싶습니다.

> 또 누구든지 제자의 이름으로 이 작은 자 중 하나에게 냉수 한 그릇이라도 주는 자는 내가 진실로 너희에게 이르노니 그 사람이 결단코 상을 잃지 아니하리라 하시니라 마 10:42

연헌이는 자신의 죽음을 통해 "누구든지 내 이름으로 이런 어린아이 하나를 영접하면 곧 나를 영접함이니"라는 주님의 말씀을 우리 가슴에 생생하게 각인시켜 주었습니다. 우리에게 이 말씀의 의미를 깊이 깨닫게 해주었습니다. 그래서 연헌이에게 저희 공동체는 고마운 마음을 품습니다.

하지만 연헌이가 우리 중에 작은 자였다고 착각하지 마십시오. 사실, 우리가 다 어린아이이고 지극히 작은 자들입니다. 우리가 다 길을 잃어버린 양 같은 존재들입니다. 주님은 "너희가 돌이켜 어린아이들과 같이 되지 아니하면 결단코 천국에 들어가지 못하리라"라고 말씀하셨습니다. 어린아이가 자기의 능력을 믿지 않고 철저하게 부모를 의존하듯이 "내가 나를 구원할 수 없으니 나를 구원하실 수 있는 주님만을 완전히 의존합니다"라고 고백하는 자들만이 구원의 은혜를 누린다고 하십니다.

자신이 가진 학벌과 지식, 사회적 성공과 재산, 명예와 성취를 의지하여 "나는 괜찮다"고 여기는 '어른들', 그런 '높은 자'들은 결단코 천국에 들어가지 못합니다. 구원은 자기를 믿거나 의지하지 않는 사람, 어린아이가 그의 부모를 전적으로 의지하고 의존하듯이 하나님의 은혜에 의존하고 의지하는 사람에게 주어집니다.

생각해 보십시오. 세상에서 우리가 의지하는 그 잘난 것들이 죽음 앞에서 무슨 의미가 있습니까? 이 땅에서 사람의 서열을 가르는 모든 구분은 우리를 결코 구원하지 못합니다. 이것이 행위가 아니라 오직 주 예수를 믿는 자들을 구원하시는 하나님의 방법입니다. 하나님의 나라는 어린아이와 같이 자기를 낮추는 사람들의 것입니다.

하나님은 길을 잃어버린 우리같이 작고 사소한 인생들을 찾아 구원하시려고 친히 자신을 낮추셨고 십자가와 고난이라는 수치와 굴욕을 감내하셨습니다. 자기를 낮추어 구주로 이 땅에 오셔서 죄인이 구원받을 길을 완전히 열어 주셨습니다.

우리는 이제 압니다. 누구든지 어린아이가 부모를 전적으로 의지하듯 주님을 의지하면, 주님은 그를 구원하시기를 기뻐하십니다. 만일 아직 주님을 알지 못하며, 주님을 만나지 못했고 구원을 받지 못했다고 여긴다면, 바로 지금 이렇게 기도할 수 있습니다.

"주님, 제가 죄인입니다. 저는 저를 구원할 능력도, 힘도 없습니다. 저를 구원하실 분은 스스로 낮추어 이 땅에 오신 하나님이신 주님밖에 없습니다. 주님께서 십자가에 죽으신 것은 저의 죄를 사하여 주시기 위함이었습니다. 주님! 제가 주님을 믿습니다. 저를 구원하여 주소서."

우리는 작은 자를 마치 주님을 대하듯 귀히 대해야 함을 배웁니다. 여전히 치열한 서열 사회를 살아가는 우리는, 자기를 낮추는 사람이 천국에서 큰 자라는 주님의 말씀을 듣습니다. 예수님의 길따름이는 이 말씀을 가슴에 새기고, 자기의 권리를 주장하는 대신 자기를 낮추고 수치와 굴욕당하기를 기뻐하는 것이 복된 길임을 알고 그 좁은 길을 즐거이 걸어가는 사람입니다.

이 길을 걸어가는 것이 길따름이가 가진 믿음의 참된 증거입니다. 이렇게 예수님의 길따름이로 살다가 어느 날이라도 주님께서 "오라" 하고 부르시면 우리는 믿음과 기쁨으로 달려가면 됩니다.

The Wayfollower

11장

예배인가 우상 숭배인가

: 내가 예배하는 대상을 닮아갑니다

길따름이는 하나님을 예배함으로
하나님의 형상과 성품을 닮아가는 사람입니다.
하나님을 알면 알수록 우리는 그 영광의 광채를 보며
하나님의 성품으로 빚어지는 은혜를 입게 됩니다.

인간은 누군가를, 혹은 무엇인가를 숭배하는 존재입니다. 이것이 이번 장의 첫 번째 명제입니다. 예배 혹은 숭배의 행위는 인간 안에 있는 어떤 갈망을 투영합니다. 이 갈망은 하나님께서 인간을 만드실 때 하나님을 향하여 살라고 그리고 하나님 안에서 만족과 기쁨을 얻으라고 인간 안에 넣어 두신 것입니다. 하지만 범죄한 인간은 더 이상 하나님을 갈망하고 예배하지 않게 되었습니다. 하나님 외에 다른 것을 갈망하고 예배함으로써 자신의 행복을 추구하는 존재가 되었습니다.

두 번째 명제는 인간은 자기가 예배하는 대상을 닮아간다는 것입니다. 이번 장에서는 이 두 번째 명제를 중심으로 살펴보려고 합니다. 우상을 만들고 그것을 의지하고 숭배하는 자들은 우상을 닮아갑니다(시 115:8). 반대로, 하나님을 제대로 예배하는 사람은 하나님을 닮아갑니다(고후 3:18). 예배는 예배하는 자로 하여금 예배의 대상을 닮게 합니다.

사람을 형성하고
빚어가는 예배

예수 그리스도의 길따름이는 하나님을 예배하는 자이고, 하나님을 예배함으로써 하나님의 형상과 그 성품을 닮아가는 사람입니다. 예배는 예배하는 사람을 형성하고 빚어간다는 의미에서 '형성적(formative)' 성질을 가집니다. 질문은 여기에 있습니다. 예수 그리스도의 길따름이인 당신은 하나님을 진정으로 예배합니까? 그 예배를 통해 하나님의 성품으로 빚어지고 그분을 닮아가는 변화를 경험하고 있습니까?

거꾸로 이렇게 물을 수도 있습니다. 예배가 우리를 하나님의 형상으로 빚어가는 수단이라면, 평생 하나님을 예배하면서도 하나님을 닮아가는 변화가 나타나지 않는 사람은 어떻게 설명할 수 있습니까? 이 질문에 대한 당신의 대답은 무엇입니까?

각자의 대답은 조금 뒤로 미루어 두고 초기 교회의 역사를 잠깐 살펴보지요. 앨런 크라이더는 초기 교회의 공동생활에 지속적으로 힘을 불어넣던 근원 중 하나가 예배였고, 초기 교회 성

도들의 아비투스를 형성하는 주요 수단 또한 예배였다고 말합니다.[1]

그렇다면 지금 한국 교회의 예배는 어떻습니까? 당신이 속한 교회의 예배는 어떻습니까? 예배에 대한 우리의 이해와 경험은 초기 교회와 어떻게 같고 어떻게 다릅니까? 예배가 우리를 하나님의 형상으로 빚어내고 우리 안에 신자의 아비투스를 형성하지 못하고 있다면, 어디에 문제가 있는 것입니까? 톰 라이트의 말을 인용해 보겠습니다.

> 우리는 애초에 왜 여기에 있는 것인가? 이에 대한 기본적인 대답은 … 우리가 여기에 있는 이유는 타고난 하나님의 형상을 반영하는 진정한 인간이 되기 위함이고, 그것은 예배를 통하여 그리고 다른 넓은 의미의 선교를 통하여 이루어진다. 아울러 그것은 예수를 따르는 것을 통해 이룰 수 있다. 성령의 사역으로 인해 우리 안에 성품의 변화가 일어날 때, 우리는 사실상 '규율을 지키게' 될 것이다. 단, 밖에서 부과한 의무감 때문이 아니라 우리 속에 형성된 성품으로 인해 그렇게 할 것이다. 그리고 우리는 또한 마음이 이끄는 대로 행하고 진정한 삶을 살게 될 것이다. 단, 평생 열심히 훈련받은 그 항공기 조종사와 같이 내면 깊숙이 형성되고 변화된 성품이 작동하면 자발적인 결정과 행동으로 열매를 맺는 삶을 살 것이다. 그리고 이 세상에서 우

리가 직면한 도전은 삶의 모든 영역에서 참신한 차세대 지도자들을 키우는 일, 곧 돈이나 권력에 대한 탐욕이 아니라 지혜와 섬김의 정신으로 성품이 다듬어진 인물을 기르는 일이다.[2]

이런 사람을 '경건한 어른'이라고 말하는데, 경건한 어른을 만드는 것은 끊임없는 자기 훈련이 아니라 예배라고 그는 이야기합니다. 즉, "하나님 형상을 반영하는 진정한 의미의 인간이 되는 것은 예배와 선교(넓은 의미)를 통해서다"라는 것입니다. 사실 우리는 이렇게 됨으로써 진정으로 하나님을 영화롭게 할 수 있습니다.

우상을 숭배하는 사람들

그렇다면 예배가 어떻게 예배하는 대상을 닮아가게 하는지를 생각해 보겠습니다. 시편 115편 8절, "우상들을 만드는 자들과 그것을 의지하는 자들이 다 그와 같으리로다"를 우리말 성경은 이렇게 번역했습니다.

우상을 만드는 사람들은 우상처럼 될 것이요, 우상을 의지하는

사람들도 그렇게 될 것입니다 시 115:8, 우리말 성경

이 말씀을 이해하기 위해서, 이사야 선지자가 부름받는 장면으로 가보겠습니다. 하나님께서는 이사야를 선지자로 부르시고 보내시면서 백성이 들어도 깨닫지 못하고 보아도 알지 못할 것이라고 하시고, 그들의 귀가 막히고 눈이 감기게 하라고 말씀하십니다(사 6:9-10). 이 말씀을 어떻게 이해할 수 있습니까?

그레고리 비일에 따르면, 구약 성경에서 이렇게 감각기관의 기능 장애에 대한 언급들이 나오는 경우는 일반적인 죄가 아니라 예외 없이 한 종류의 특정한 죄 곧 우상 숭배를 가리키는 경우입니다. 즉, 하나님의 심판으로 그들의 눈과 귀가 감기고 닫혀 하나님의 말씀을 알아들을 수 없는 것입니다. 이것은 그들이 섬기는 우상의 형상을 그대로 반영하는 심판입니다.[3]

특히 이사야서의 여러 곳에서 하나님의 백성이 우상을 숭배함으로써 우상처럼 눈이 있어도 보지 못하고 귀가 있어도 듣지 못하는 허망한 존재들이 되었다고 말씀하십니다. 그것은 우상 숭배에 대한 하나님의 심판이었습니다.

우상을 만드는 자는 다 허망하도다 그들이 원하는 것들은 무익한 것이거늘 그것들의 증인들은 보지도 못하며 알지도 못하니 그러므로 수치를 당하리라 사 44:9

> 그들이 알지도 못하고 깨닫지도 못함은 그들의 눈이 가려서 보지 못하며 그들의 마음이 어두워져서 깨닫지 못함이니라 사 44:18

성경의 실례를 하나 소개합니다. 롯의 처입니다. 그녀는 소돔이 하나님의 심판을 받을 때 남편과 함께 소돔으로부터 건짐을 받게 되는데, 뒤를 돌아보지 말라는 경고를 어김으로써 소금기둥이 되고 말았습니다(창 19:26). 돌아보지 말라는 하나님의 말씀은 소돔으로 상징되는 세상에 자신들의 궁극적 안락을 걸었던 삶으로부터 더 이상 미련을 두지 말라는 뜻이었습니다. 하지만 롯의 아내는 돌아봄으로써 자신의 우상이 소돔과 소돔에 있는 것들이라는 사실을 입증했고(요일 2:15-17 참조), 그녀가 섬기는 우상인 소돔처럼 소금 덩어리로 변하고 말았습니다. 고고학적 발굴에 의하면, 소돔의 자리로 밝혀진 지역이 소금산 그 자체라는 사실은 매우 흥미롭습니다.

우상은 무엇입니까? 우상은 하나님 외에 내가 헌신하는 대상입니다. 우상은 궁극적인 안락을 위해 내 마음이 붙잡는 하나님 외의 대상입니다. 하나님이 아닌 어떤 존재를 위해 대가를 지불할 수 있다면 그것이 곧 우상입니다. 사람들은 그것을 얻기 위해 인생의 젊음과 열정을 다 쏟아붓고 시간과 노력을 투자하며 그것을 위해 살고, 그것을 예배의 대상으로 삼습니다. 그것만 있으면 행복할 것이라고 여기고, 그것이 없어서 불행하다고 느끼는 바로 그것이 우상입니다. 오늘날 많은 사람에게 돈과 재산이 우상이고, 권력 혹은 성을 포함하는 쾌락이 우상입니다. 인정과 명예가 우상이 되기도 합니다.

이것은 이 세상에 왜 더 고상하고 더 교양 있으며 더 좋은 인격을 가진 사람들이 적은지, 왜 그토록 천박한 사람들이 많은지 그 이유를 설명해 줍니다. 사람들은 자신들이 숭배하는 우상 곧 돈과 성공과 권력 등의 우상을 닮아가기 때문입니다. 오로지 권력만을 추구하는 정치인이나 돈을 숭배하는 사람은 자신들이 섬기는 우상처럼 천박하게 변하기 때문입니다.

하나님을 예배하는 사람들

우리 삶의 이유와 목적, 우리가 예배할 대상은 하나님 한 분밖에 안 계십니다. 하지만 타락한 인간은 더 이상 하나님을 삶의 이유로 삼거나 예배의 대상으로 섬기지 않습니다. 채워지지 않는 인간의 갈망은 무언가를 예배하지 않고는 살 수 없게 합니다. 그래서 우상이 존재하고 인간은 우상을 숭배할수록 점점 더 우상처럼 허망하고 천박한 존재로 변해갑니다. 이것은 우상 숭배에 대한 하나님의 형벌이기도 합니다. 이런 우상 숭배자이자 죄인에게는 외부로부터 주어지는 변화가 없다면 소망이 없습니다. 그래서 하나님께서 죄인에게 하시는 첫 번째 일은 그들의 눈을 열어 보게 하시고, 귀를 열어 듣게 하시는 것입니다. 예수님은 세상에 오신 이유를 이렇게 설명하셨습니다.

> 예수께서 이르시되 내가 심판하러 이 세상에 왔으니 보지 못하는 자들은 보게 하고 보는 자들은 맹인이 되게 하려 함이라 하시니 요 9:39

예수님은 보지 못하는 자들을 보게 하시려고 이 땅에 오셨습니다. 이것은 성령님이 죄인 안에서 행하시는 중생의 역사를 가리킵니다. 성령님이 거듭남을 주시지 않으면, 즉 밖으로부터 주어지는 역사가 없다면, 우상을 숭배하는 죄인에게는 소망이 없습니다. 그래서 중생 곧 거듭남은 영적 맹인이 눈을 떠서 하나님과 하나님의 영광을 보는 것에 종종 비유됩니다.

> 그 눈을 뜨게 하여 어둠에서 빛으로, 사탄의 권세에서 하나님께로 돌아오게 하고 죄 사함과 나를 믿어 거룩하게 된 무리 가운데서 기업을 얻게 하리라 하더이다 행 26:18

이 말씀은 죄인이 얻은 구원에 대한 설명의 전형입니다. 또 바울 사도는 고린도교회에 이렇게 말했습니다.

> 어두운 데에 빛이 비치라 말씀하셨던 그 하나님께서 예수 그리스도의 얼굴에 있는 하나님의 영광을 아는 빛을 우리 마음에 비추셨느니라 고후 4:6

중생은 듣는 것과 깊은 관계가 있습니다. 주님은 "하나님께 속한 자는 하나님의 말씀을 들으나 너희가 듣지 아니함은 하나님께 속하지 아니하였음이로다"(요 8:47)라고 말씀하셨습니다. 성령님은 거듭남을 통하여 보지 못하는 눈을 열어 하나님을 보게 하실 뿐 아니라, 듣지 못하는 귀도 열어서 하나님의 말씀을 듣게 하십니다.

하나님의 말씀이 들리는 사람은 우상 숭배자가 아닙니다. 종종 넘어지는 일들이 있을지라도 하나님께 속한 하나님의 자녀입니다. 이렇게 우상을 숭배하는 죄인들의 감긴 눈을 뜨게 하시고 닫힌 귀를 열어 주신 뒤에, 비로소 참된 예배가 시작됩니다.

예배를 통해 그리고 하나님의 말씀을 들음으로써 "하나님의 영광의 광채"를 보게 하시고 그 영광을 봄으로써 하나님의 형상으로 변화하게 하십니다(고후 3:18). 신자는 예배 속에서, 예배를 통해 자신이 예배하는 하나님의 형상으로 빚어지는 은혜를 입게 됩니다.

예배
다시 생각하기

여기서 우리에게 너무나도 익숙한 예배에 대하여 다시 생각할 필요가 있습니다. 우리는 정말 성경이 가르치는 예배를 알고 있으며, 그런 예배를 매 주일 드리고 있습니까? 신자는 예배를 통해 하나님의 형상으로 변화됩니까? 신자의 거룩한 변화는 양질의 제자 훈련이나, 하나님을 아는 지식이 쌓여감에 따라 하나님의 형상으로 변화되는 것이 아닙니까? 예배가 예배자를 하나님의 형상으로 변화시킨다는 말을 당신은 경험적으로 알고 있습니까?

마르바 던은 예배를 '시간 낭비'라고 말합니다. 신자라면 일평생 매 주일 정한 시간에 모여 예배를 드립니다. 하지만 이를 통해서 실질적으로 얻는 것이 없습니다. 그래서 예배는 '시간 낭비'라는 것입니다.

당신은 평생 얼마나 많은 시간을 이 예배에 쏟았습니까? 기독교 신앙에서 예배가 하나님께 점수를 따는 데 도움이 되거나 우리의 존재 가치를 드높여 주는 것도 아니지 않습니까? 그저 뭔가 신성하고 거룩한 느낌을 얻기 위해서 예배를 드린다면, 그것도 예배의 근본에는 맞지 않는 것이 아닙니까? 결국 우리가 예배를 드리는 단 한 가지 이유는 하나님께서 예배받기에 합당하시기 때문입니다. 마르바 던의 말입니다.

> 예배는 시간 낭비다. 그러나 참으로 고귀한(Royal) 시간 낭비다. 예배는 우리를 그 가운데 우주의 왕이신 하나님의 고귀한 광휘에 빠져들게 하기 때문이다. 예배는 하나님의 임재를 다른 사람과 함께 누릴 수 있는 기회, 우리의 시간에서 벗어나 하나님 나라의 영원한 목적에 들어가게 하는 기회이다. 그 결과 우리는 변한다. 우리의 변화는 우리가 하는 어떤 일 때문이 아니다. 우리가 집중하고 복종하는 대상인 하나님께서 자신을 계시하심으로써 우리를 변화시키는 것이다.[4)]

이 말을 곰곰이 생각해 보십시오. 예배는 하나님의 무한한 광대하심과 숭고하심과 광채를 경험하며, 놀라고 또 놀라는 것입니다. 무한하신 하나님의 광채를 보는 사람들은 그 영광의 광채에 놀라고 압도당하지 않을 수 없습니다. 당신은 이 말을 이해하고 있습니까? 이것을 알고 경험했습니까? 예배는 그 놀라움과 신비의 영광 속으로 뛰어드는 것입니다.

그러나 문제가 있습니다. 우리는 하나님의 깊은 신비에 대해 아는 바가 너무나 적고 그래서 기대조차 하지 않는다는 사실입니다. 우리는 뻔히 아는 대상을 예배하지 않습니다. 우리가 이해하고 사고할 수 있는 대상이라면 그것을 통제하거나 조종하려 들지, 예배하려고 하지 않습니다. 우리 안에 하나님을 향한 예배에 불을 당기는 것은 하나님과 하나님께서 하신 일에 담긴 깊고도 풍성한 신비입니다. 하나님의 위엄에 찬 신비보다 참된 예배에 동기를 부여하는 것은 없습니다.

우주의 왕이신 광대하고 무한하신 하나님의 신비에 대한 우리의 무관심은 대체로 하나님에 대한 무지에 기인합니다. 오늘날 우리는 하나님에 관하여 지나칠 정도로 무지합니다. 하나님을 예배하려면 하나님을 더 깊이 알아야 합니다. 하나님을 아는 지식만이 하나님의 신비에 대한 우리의 기대를 만들어 내기 때문입니다. 하나님을 깊이 알면 알수록, 우리는 하나님의 신비에 더 다가서게 되고, 그 영광의 광채를 보며 하나님의 성품으로 빚어지는 은혜를 입게 됩니다.

우리 예배의 문제가 무엇인지 발견하셨습니까? 우주의 왕이신 하나님, 그 무한 광대하신 하나님의 신비에 대한 무지와 무관심, 그리고 하나님에 대한 무지는 예배를 무미건조한 형식과 지켜야 하는 의무 이상이 되지 못하게 합니다. 거기에는 경이로움이나 놀라움이 없으며, 우리가 예배하는 하나님의 성품으로 빚어지는 일도 일어나지 않습니다.

예배가
우상 숭배가 될 때

우리가 매 주일 드리는 예배는 어떻습니까? 당신은 어떤 기대로 예배에 나아옵니까? 당신에게 하나님의 신비에 대한 기대와 떨림이 있습니까? 당신은 하나님을 알고 싶어합니까? 하나님을 아는 당신의 지식은 어떻습니까?

무한 광대하신 하나님의 신비에 대한 무관심과 기대 없음, 그리고 하나님을 아는 지식의 천박함 내지는 자기중심적 이해와 오해들은 결코 우리를 참된 예배로 인도하지 않습니다. 정말 무서운 일은 여기서 발생합니다. 사람들은 자기가 하나님을 예배한다고 생각하지만, 그 예배는 천박한 우상 숭배에 지나지 않은 악행이 되고 맙니다. 그 예배에는 성경에 계시된 하나님이 계시지 않습니다. 하나님을 아는 참된 지식이 빚어낸 하나님의 신비에 대한 기대도 없습니다. 얄팍한 지식, 머리로 규정하고 투사하여 만들어 낸 신만이 있을 뿐입니다. 그것이 바로 우상입니다. 거기에는 신을 조종하여 자기 뜻을 이루고 싶어 하는 우상 숭배자들과 우상 숭배의 행위만 존재할 뿐입니다.

이것이 바로 구약시대 이스라엘 백성에게서 비일비재하게 일어나던 일이었습니다. 그래서 하나님은 선지자 이사야를 보내시면서, 그들이 듣기는 들어도 깨닫지 못하고 보기는 보아도 알지 못할 것이라고 말씀하신 것입니다(사 6:9). 그들이 섬기는 듣지 못하고 보지 못하는 허망하고 생명 없는 우상의 형상을 닮아 가게 된 것입니다.

오늘날 번영신학의 누룩에 오염된 한국 교회는 하나님의 심판을 초래했던 구약의 이스라엘 백성과 조금도 다르지 않습니다. 그 결과, 하나님의 성품으로 빚어진 백성은 보이지 아니하고 이기적이고 한없이 자기중심적인 백성, 우상의 허망함을 그대로 빼어 닮은 백성들만 있는 것입니다. 당신은 어떻습니까? 하나님을 믿은 세월만큼, 예배에 쏟은 시간만큼, 하나님의 복되신 성품으로 빚어져 왔습니까? 과연 그러합니까?

참된 예배자가 되는 길

그렇다고 대답하기 어려울지도 모릅니다. 하지만 우리에게 소망이 있습니다. 주님은 이렇게 말씀하십니다. "너희가 나를 따르는 길따름이가 되려면 너희는 먼저 참된 예배자가 되어야 한다." 우리의 예배가 우상 숭배가 되지 않으려면, 우리가 예배하는 하나님을 더 알아야 합니다. 주님은 "마음을 다하고 목숨을 다하고 뜻을 다하고 힘을 다하여 주 너의 하나님을 사랑하라"고 하셨습니다(막 12:30). "뜻을 다하고"라는 말은 지성을 최대한도로 사용하라는 말씀입니다. 하나님께서 주신 지성을 사용하여 하나님을 아는 일에 힘을 쏟아부으라는 말씀입니다. 그렇게 할수록 우리는 온 우주의 왕이시며 무한하고 광대하신 하나님의 신비에 다가서게 되고, 그 신비를 떨리는 가슴으로 기대하게 될 것입니다. 그때 우리의 예배는 온전히 회복되고, 우리는 하나님의 신비와 광휘에 잠겨, 경이로움과 사랑과 찬양으로 하나님을 예배할 것입니다. 그 예배 속에서 하나님의 성품으로 빚어져 갈 것입니다. 교회인 우리는 어두운 세상에 하나님의 빛을 비추는 참된 교회로 빚어질 것입니다.

주 예수님의 길따름이로서 온 우주의 왕이신 하나님, 무한하고 광대하신 하나님을 참되게 예배하는, 이 고귀한 시간 낭비에 동참하겠습니까? 마르바 던의 말로 이 장을 맺으려 합니다.

> 예배는 세상적인 관점에서 볼 때 완전한 시간 낭비가 아니라면 우상 숭배일 뿐이다. 진정한 예배란 하나님을 높이는 단 하나의 목적을 위해 하나님의 무한한 광휘에 완전히 잠기는 것이다. 그렇지 못한 예배는 우상 숭배일 뿐이다.[5]

12장

죽음, 더 나은 은혜

: 날마다 경험하며 영광의 문으로 걸어갑니다

길따름이는 신앙의 눈으로
죽음 너머에 하나님이 예비하신,
더 나은 은혜를 바라보아야 합니다.
우리의 갈망을 채우실 수 있는 분은 그리스도밖에 없습니다.

『길따름이』 마지막 장의 주제는 죽음입니다. 주님께서 걸어가신 길 끝에 십자가의 죽음이 있었듯이, 주님을 따르는 모든 길따름이 역시 자신의 길 끝에서 죽음을 만나게 됩니다.

하지만 길따름이는 길 끝에서만 죽음을 만나는 것이 아닙니다. 주님께서 말씀하셨듯이, 길따름이의 삶에는 날마다 자기를 부인하고 자기 십자가를 지고 주님을 따르는 '자기 죽음'이 이어집니다. 그 '매일의 죽음'을 경험하고 살아가는 길따름이에게 '마지막 죽음'은 비통함이 아니라 영광스러운 사건입니다. 이 점에서 『길따름이』의 마지막 주제로 죽음보다 나은 것은 없을 것입니다.

"죽음과 세금만큼 확실한 것은 없다."

벤저민 프랭클린이 남긴 유명한 말입니다. 그는 세금을 피할 수 없다는 사실을 말하려고 죽음에 빗대어 말한 것이지만, 이 말에서 보듯 죽음만큼 확실한 것은 없고 죽음을 피해 갈 수 있는 사람은 아무도 없습니다.

죽음을 대하는 관점

그래서 사람은 누구나 피할 수 없는 죽음에 대한 나름의 관점과 태도를 가지고 살아갑니다. 먼저, 일반적이라고 할 수는 없지만 죽음을 바라고 원하는 태도입니다. 이런 태도를 가진 사람은 염세주의나 허무주의의 절망에서 헤어나지 못하는 사람이거나 바울 사도처럼 죽음을 지나 하나님의 영광을 뵈옵고 싶어 하는 특별한 사람일 것입니다(빌 1:23).

하나님은 종종 성도들에게 이런 마음을 주시지만, 그리고 예수님께서는 십자가에서 죽으심으로써 신자들에게 죽음의 의미를 바꾸어 주셨지만, 그렇다고 해서 언제나 죽음을 원해야만 그것이 건강하고 좋은 신앙이라는 의미는 아닙니다. 성경의 위대한 사람 모세는 자기 생명을 연장시켜 가나안에 들어갈 수 있게 해달라고 기도하지 않았습니까? 죽음에 대한 가장 일반적인 감정은 두려움입니다. 하나님을 믿지 않는 사람들에게도 사후세계에 대한 막연한 두려움은 존재합니다. 사후세계는 경험하지 못한 미지의 세계이기에 두렵기도 하지만, 스스로 양심에 비추어 보더라도 인생을 잘 살았다고 자신하기는 어렵기 때문에 또한 죽음이 두렵습니다.

죄가 초래한 형벌이 죽음이기에 죽음은 두려움의 대상일 수밖에 없다고 성경은 말씀합니다. 타락한 아담의 후손으로 에덴동산 밖에서 태어난 인생은 예외 없이 매일의 삶에서 죽음의 비참함을 겪으며 살아갑니다. "죽지 못해 산다"라는 말은 죄가 우리에게 남긴 죽음의 비참함을 일상적으로 잘 표현해 주는 말입니다. 심지어 이 비참의 흔적은 이 땅을 살아가는 신자들에게까지도 어느 정도는 영향을 미칩니다. 로마서 말씀이 그것을 잘 보여 줍니다.

> 피조물이 다 이제까지 함께 탄식하며 함께 고통을 겪고 있는 것을 우리가 아느니라 그뿐 아니라 또한 우리 곧 성령의 처음 익은 열매를 받은 우리까지도 속으로 탄식하여 양자 될 것 곧 우리 몸의 속량을 기다리느니라 롬 8:22-23

그러나 우리는 예수님께서 십자가에서 돌아가심으로 죽음의 의미를 바꾸어 주셨다는 사실을 분명히 알고 기억할 필요가 있습니다. 히브리서 기자는 이렇게 설명합니다.

자녀들은 혈과 육에 속하였으매 그도 또한 같은 모양으로 혈과 육을 함께 지니심은 죽음을 통하여 죽음의 세력을 잡은 자 곧 마귀를 멸하시며 또 죽기를 무서워하므로 한평생 매여 종 노릇 하는 모든 자들을 놓아 주려 하심이니 히 2:14-15

이 말씀에 의하면, 예수님의 길따름이에게 죽음은 더 이상 두려움의 대상일 수 없습니다. 비록 현재 삶의 자리에서 죄의 비참함과 죽음의 흔적을 경험하며 탄식할 수는 있을지라도 말입니다.

그러나 주님께서 죽음의 의미를 바꾸어 주셨다는 사실과 무관하게 살아가는 비신자들에게 죽음은 어떤 의미일까요? 모든 사람은 삶에 대한 애착과 미련을 가지고 살아갑니다. 이 애착 관계는 생각보다 깊습니다. 사랑하는 사람들과의 애착은 무엇보다 강합니다. 또는 인생에서 자기가 이루려는 성취에 대한 강한 몰두도 삶에 대한 애착의 일종입니다. 이런 애착 관계가 깊으면 깊을수록 이 모든 애착을 끊어내는 죽음의 존재는 결코 달가울 수 없습니다. 독일 신학자 헬무트 틸리케의 말이 이런 태도를 잘 보여 줍니다.

우리 모두는 섣달 그믐날 큰 소리로 떠든다. 마치 우리의 무덤 위로 자라나는 풀의 섬뜩한 소리를 듣지 않으려고 애쓰는 것처럼.[1]

헬무트 틸리케의 이 말은, 카르페 디엠(Carpe Diem)이란 말에 나타난 인생관을 떠오르게 합니다. 모두가 피할 수 없는 죽음은 언젠가 찾아오고야 말 테니, 그리고 미래는 불확실하니 오늘 이 순간을 즐기자는 삶의 태도이고 인생관입니다. 이런 쾌락주의적 태도는 죽음을 대하는 관점으로부터 파생되는 인생관입니다. '어떤 삶을 살 것인가'에 대한 관점과 태도 그리고 인생관은 '죽음을 어떻게 바라보고 받아들이는가'에 대한 관점에 절대적으로 영향을 받습니다. 이 점에서 우리는 주 예수님께서 믿는 자들에게 죽음의 의미를 바꾸어 주셨다는 사실을 진지하게 생각할 필요가 있습니다.

거절된
모세의 기도

죽음을 대하는 모세의 태도를 살펴봅시다. 모세는 애굽에서 노예 생활을 하던 하나님의 백성을 약속의 땅 가나안으로 인도하라는 하나님의 명령을 받은 이후로, 그 사명을 이루어 가는 40년의 모진 세월을 살았습니다. 하지만 그 마지막 해인 40년째가 되던 해, 한 사건이 일어났습니다. 백성은 물이 없다고 불평했고 모세는 40년간 반복적으로 들어왔던 그들의 지긋지긋한 불평에 화가 치밀어 올랐습니다. 하나님은 반석에 명하여 물을 내라고 하셨지만, 분노한 모세는 그 백성을 향하여 "반역한 너희여 들으라 우리가 너희를 위하여 이 반석에서 물을 내랴"라고 하고는 지팡이로 반석을 두 번 쳐서 물을 주었습니다. 하나님은 이 일로 모세와 아론이 하나님의 거룩하심을 나타내지 않았다고 책망하셨습니다. 그리고 이 일 때문에, 하나님께서는 모세와 아론이 가나안 땅으로 백성을 인도하여 들이지 못하게 하시겠다고 선언하셨습니다. 이것이 소위 두 번째 므리바 사건입니다 (민 20:1-13).

우리는 이 사건을 보면서 '하나님도 참 너무하신다'라고 생각합니다. 39년 동안 하나님께 순종하여 그 대단한 일을 감당해 왔는데, 40년째에 한 번의 실수로 모세를 가나안에 들어가지 못하게 하시겠다는 하나님을 이해할 수 없다고 생각합니다.

물론 모세는 잘못했고 하나님의 징계였다는 사실을 부인할 수 없습니다. 그러나 이 사건은 단순히 '하나님이 너무하신다'는 결론을 내려야 하는 사건은 아닙니다. 모세는 그로부터 10개월이 지나, 가나안 입성을 불과 한 달 남겨두고 (신 1:3) 가나안을 목전에 둔 모압 평지에 백성들을 모아놓고 지난 일들을 회상하면서 그 사건을 언급합니다.

모세는 므리바 사건 후에 하나님께 간구했었습니다. "나를 건너가게 하사 요단 저쪽에 있는 아름다운 땅, 아름다운 산과 레

바논을 보게 하옵소서"(신 3:25)라고 말입니다. 하지만 슬프게도 하나님은 모세의 기도를 조금 매정해 보이는 방식으로 거절하셨습니다. "그만해도 족하니 이 일로 다시 내게 말하지 말라"(신 3:26).

모세는 사람이 친구와 이야기함같이 하나님을 대면하던 사람이 아닙니까?(출 33:11; 신 34:10) 하나님은 이렇게 하나님과 친밀한 사람인 모세의 기도를 거절하신 것입니다. 여기서 우리는 또 한 번 넘어집니다. '하나님 참 너무 하시네!'

하나님은 "너는 비스가 산꼭대기에 올라가서 눈을 들어 동서남북을 바라고 네 눈으로 그 땅을 바라보라 너는 이 요단을 건너지 못할 것임이니라"(신 3:27) 말씀하셨습니다. 모세가 비스가 산꼭대기에서 요단을 넘어 가나안 땅을 바라보았던 순간은 모세에게 죽음의 시간이 되었습니다(신 34:1-5).

너머를 지향하는 갈망

이 므리바 사건과 기도 거절 사건으로 하나님께서 우리에게 의도하신 것이 고작 '하나님 너무 하시네'라는 반응이겠습니까? 이런 반응을 원하셔서 이 말씀을 기록해 놓으신 것이겠습니까?

그럴 수 없습니다. 모세가 가나안에 들어갈 수 없게 된 것이 불순종에 대한 하나님의 징계라는 사실은 부인할 수 없지만, 여기서도 하나님의 선하심은 풍성하게 드러납니다. 하나님께서 모세의 가나안 입성을 막아 허락하지 않으셨지만, 이것이 하나님께서 모세를 거절하신 일이 아니었다는 사실은 분명히 해둘 필요가 있습니다. 또한 그간의 모세가 해온 사역을 실패라고 선언하신 것도 아닙니다.

모세는 끝까지 아쉬웠던 것 같습니다. 40년 동안 꿈에 그리던 가나안을 포기하는 것이, 그 백성을 가나안에 인도하는 사명의 성취를 목전에 두고 포기하는 것이 얼마나 아쉬웠겠습니까? 모세같이 영적인 사람에게도, 포기하기 어려운 삶의 애착이 있었습니다. 그것은 하나님께서 친히 주신 사명에 대한 애착이었고, 조상 아브라함에게 약속하여 주신 땅 가나안에 대한 애착이었습니다.

하지만 하나님은 40년 차에 므리바에서 일어난 한 번의 실수를 통하여 모세의 그 애착을 끊어내는 선언을 하십니다. "너희는 이 회중을 내가 그들에게 준 땅으로 인도하여 들이지 못하리라"(민 20:12b). 그래도 가나안에 들어가게 해 달라는 모세의 기도를 매정하게 거절하심으로써 하나님께서는 그 애착을 끊어내게 하십니다. "그만해도 족하니 이 일로 다시 내게 말하지 말라"(신 3:26b).

이렇게 하심으로써 하나님은 가나안이, 모세가 완수하고 싶어 하는 그 사명이 모세의 근원적 갈망을 채워 줄 대상이 아니라는 사실을 가르치십니다. 첫째는 모세에게, 그리고 오늘의 우리에게도 말입니다.

인생을 살아가는 우리 모두에게는 갈망이 있습니다. 이 갈망은 독일어로는 '젠주흐트(sehnsucht)'로 표현됩니다. 이 말의 사전적 의미는 '그리움, 갈망, 동경'이지만, 좀 더 깊은 의미는 '이 세상의 경험에서 비롯되었으나 그 너머를 지향하는 갈망'이라고 할 수 있습니다. 분명히 인생 경험에서 생겨난 갈망이지만 세상에 존재하는 어떤 것으로도 결코 채워질 수 없는 갈망입니다.

이 갈망이 모세와 어떤 관계가 있습니까? 모세는 가나안을 갈망했고 한편 자신의 사명을 완수하기를 갈망했지만, 하나님은 그 모두를 허락하지 않으셨습니다. 이로써 하나님은 모세의 갈망(sehnsucht)은 약속의 땅 가나안이나 사명 완수 같은 것으로 채워질 수 있는 것이 아님을, 이 세상의 것으로는 채워질 수 없음을 가르쳐 주신 것입니다.

그 갈망은 이 세상의 것이 아닌 저 세상의 것으로만 채울 수 있습니다. 하나님은 모세를 가나안에 들어가지 못하게 하심으로써 그리고 그의 기도를 거절하심으로써 모세에게 가나안보다 더 나은 것, 그의 사명을 성취하는 것보다 더 좋은 것을 허락해 주신 것입니다.

누구나 이 세상을 살면서 가지는 애착(그것이 누구를 혹은 무엇을 향한 것이든지), 또는 소명이나 사명감 같은 것을 소중하게 여기지만, 그 어떤 것도 우리 안에 있는 갈망을 온전하게 채워 줄 수 있는 것은 없습니다. 왜냐하면 그것은 저 세상의 것으로만, 오직 하나님으로만 채워질 수 있는 것이기 때문입니다. 이 점에서 하나님은 모세의 죽음을 선언하심으로써, 가나안에 대한 애착이나 그가 가진 어떤 소명보다 더 나은 은혜를 주신 것입니다.

더 나은 은혜

하나님은 우리에게도 이와 같이 말씀하십니다. 가나안도 하나님께서 주시는 은혜의 선물이고, 사명도 하나님께서 주신 은혜입니다. 하지만 가나안보다, 우리가 세상에서 가지는 어떤 애착의 대상보다, 우리가 가진 어떤 소명이나 사명을 성취하는 것보다 더 나은 은혜가 있습니다. 이것을 인정하려면, 삶을 자신의 인생이라는 한시적 렌즈로만 바라보고 이해하려고 하지 말아야 합니다. 길따름이는 신앙의 눈으로 죽음 너머에 하나님께서 예비하신, 더 나은 은혜를 바라보아야 합니다. 우리의 갈망을 채우실 수 있는 분은 그리스도밖에 없습니다.

비록 이스라엘 백성을 가나안 땅으로 인도해 들여야 하는 모세의 사명은 모세의 인생 관점으로만 본다면 미완의 과업이 되고 말았습니다. 하지만 그것은 사실 더 나은 은혜였습니다. 우리는 자기 인생에 주어진 일의 결말, 완성을 보고 싶어 합니다. 모세도 그랬습니다. 백성을 데리고 가나안에 들어감으로써 자신의 사명을 성취하고 완성하기를 바랐을 것입니다. 그가 가나안에 들어갈 수 없다는 것은 이 과업이 미완으로 끝나게 될 것을 말해 줍니다. 미완이라는 아쉬움이 크지만, 주님은 이보다 훨씬 더 나은 은혜인 죽음으로 모세를 이끌어 가십니다.

이 '미완의 은혜'는 신자의 인생이 가지는 성격을 잘 보여 줍니다. 우리는 인생 중에 어떤 성취를 보고 싶어 하지만, 종종 하나님은 미완의 상태에서 우리를 죽음으로 이끄십니다. 하지만 그 죽음을 통해 하나님은 은혜롭게 우리를 완성하십니다. 이 점에서 죽음은 미완의 은혜이고 무엇과도 비교할 수 없는 더 나은 은혜입니다.

젖과 꿀이 흐르는 땅 가나안은 하나님께서 베푸시는 천국을 지상에서 조금 맛보도록 허락된 제한적 실재였습니다. 하나님은 모세가 그 그림자 나라에 들어가는 대신, 가나안이 상징하는 온전한 하나님 나라로 그를 인도하여 주신 것입니다. 하나님께서 모세의 기도를 거절하시면서, "그만해도 족하니 이 일로 내게 다시 말하지 말라"고 하신 것은 (신 3:26) 사실 매정한 거절이 아니라, 이렇게 말씀하신 것입니다.

"모세야, 나는 네가 구하는 것보다 더 나은 은혜를 주고 싶구나. 그러니 이제 그만 구하고 내가 네게 베푸는 은혜를 기대하렴."

그리고 하나님은 이스라엘 백성을 가나안에 인도하여 들이는 일을 모세의 후계자인 여호수아를 통해 이루십니다. 모세가 없다고 해서, 모세가 미완의 과업을 남겨 두고 죽는다고 해서, 하나님이 하셔야 하는 일이 중단되거나 실패하는 것은 아니라는 말입니다. 이 사실은 지나치게 사명감의 무게를 짊어진 사람들에게 얼마나 위로가 되는 말씀인지 모릅니다.

왕의 대로를 걷는 길따름이

이 비밀을 아는 사람은 자기 인생을 세상이 말하는 성공과 실패의 잣대로 판단하지 않습니다. 죽음을 두려워하지도 않습니다. 죽음의 시간을 그리스도 안에서 영광스럽게 맞이합니다. 초기 교회의 이야기를 잠깐 들려드리고 싶습니다.

마르쿠스 아우렐리우스가 로마 제국을 통치하던 165년에, 가공할 역병이 제국 전역을 강타했습니다. 의학사가들이 서구 최초의 천연두 출현이라고 추정하는 이 사건으로, 역병이 돌던

15년 동안 제국의 인구 3분의 1이 사망했다고 전해집니다. 황제였던 마르쿠스 아우렐리우스도 180년 비엔나에서 이 역병으로 죽고 맙니다. 당시 최고의 의사로 추앙받던 갈렌은 역병을 피하여 멀리 안전한 곳으로 도피하였는데, 거기서 이런 말을 남깁니다.

> 기독교인이 죽음을 멸시하는 게 날마다 우리 눈에 확연히 보인다.[2]

왜 그가 이런 말을 했을까요? 기독교인들은 죽음을 두려워하지 않았기에 전염력이 가장 강했던 도시에 그대로 남아, 병들고 죽어가는 이웃을 돌보는 일을 감당했기 때문입니다. 그의 눈에 비친 기독교인은 죽음을 멸시하는 사람들이었습니다. 그들은 왕의 대로를 걷는 당당함을 가진 사람들이었습니다. 이후 100년이 채 안 된 251년, 다시 로마 제국은 동일한 파괴력을 지닌 역병의 공격을 받게 됩니다. 이때 카르타고의 주교였던 키프리아누스는 이렇게 썼습니다.

> 우리에게는 죽음이 죽음이 아니라 힘겨운 훈련입니다. 기독교인에게는 이 훈련이 죽음을 멸시함으로써 면류관을 예비하고 앞으로 전진하는 영광이 됩니다. 주님의 부르심을 받고 세상

에서 먼저 놓임을 받은 우리의 형제들은 애곡의 대상이 아닙니다. 그들은 잃어버린 게 아니라 먼저 부름을 받은, 우리보다 앞장서 길을 떠난 자들입니다. 여행자들이 흔히 그러하듯, 그들은 그리움의 대상이지 애도의 대상은 아닙니다.[3]

당시 많은 그리스도인이 역병으로 죽었지만, 그들은 자신들이 사랑하던 이들의 죽음을 다른 방식으로 받아들였다는 사실을 말한 것입니다.

그것은 절망의 애도가 아닌 '그리움의 애도'였습니다. 그들은 '먼저 주님의 부르심을 받아 자신보다 앞장서 길을 떠난' 형제와 자매들을 다시 보게 될 날을 그리워하며 슬퍼했을 뿐입니다. 이것도 역시 갈렌이 주목한바, "죽음을 멸시하는" 신자들의 방식이었습니다.

히브리서 기자는 예수님께서 고난과 죽으심을 통해 우리 "구원의 창시자"가 되셨다고 말씀합니다(히 2:10). 여기서 말하는 "구원의 창시자"는 윌리엄 레인에 의하면 "구원의 챔피언"이라고 번역할 수 있습니다.[4]

챔피언은 고대의 전쟁에서 골리앗과 다윗처럼, 양 군대의 대표로 나와 싸움으로 승패를 가르는 사람을 가리킵니다. 온 군대를 대표하여 대리전을 치르는 사람들이 바로 챔피언입니다. 히브리서 기자는 예수님이 우리 구원의 챔피언이 되셨다고 말합니다. 신자들에게는 죽음으로써 죽음을 이기신 구원의 챔피언이 계신다는 말입니다. 예수님이 구원의 챔피언이라는 사실을 믿고 알고 받아들이는 길따름이들은 죽음의 세력과 그 영향력에서 벗어나 자유할 수 있습니다.

초기 교회의 길따름이들은 이 사실을 알았기에, 죽음을 멸시하고 살아갈 수 있었던 것입니다. 그들은 구원의 챔피언이 계심을 알았기에, 피할 수 없는 죽음이라는 현실이 그들의 삶을 좌우하도록 허락하지 않았습니다. 이것이 왕의 대로를 걷는 당당한 길따름이의 삶입니다.

미국에 사는 한 자매가 안팎의 여러 어려움 속에서 지내던 가운데 제게 이런 메시지를 보냈습니다.

"길동무들! 왕의 대로를 걷는 우리는 정말 행복한 사람들이에요. 제가 마음에 기억하는 말씀은 '내 아들아 네 마음을 내게 주며 네 눈으로 내 길을 즐거워할지어다'(잠언 23:26)이에요. 이 길을 걸을 수 있는 저희가 복된 것이지요."

매일 쉼 없이 죄어 오는 안팎의 고난 속에서도, 주님을 따라 걷는 이 길을 즐거워할 수 있는 것! 자신이 왕의 대로를 걷고 있다고 고백하는 자매의 글을 보면서 생각했습니다. '이것이 죽음을 멸시하는 신자의 당당함이구나!' 2세기 의사 갈렌이 보았던 바로 그 모습 말입니다.

영광의 문을
지나

주님의 길따름이는 천성을 향하여 걸어가는 순례자들입니다. 길따름이의 순례 여정 끝에는 죽음이 있고, 우리는 그 죽음이라는 영광의 문을 지나 사랑하는 하나님의 품에 안기게 될 것입니다. 주님의 길따름이에게 죽음은 영광의 문입니다. 1986년, 저는 어린아이들을 가르치는 교육전도사였습니다. 그때 아이들에게 성도의 죽음이 무엇인지 가르쳤던 것을 기억합니다.

"너희가 종일 나가 놀다가 흙으로 더럽혀진 옷을 입고 들어와서는 지쳐서 씻지도 못하고 문 앞에서 곯아떨어진 적이 있지? 그런데 아침에 일어나보니 씻은 얼굴에 깨끗한 잠옷을 입고 이불 속에서 깨어났던 일을 기억하니? 피곤함에 지쳐 잠든 너희를 부모님이 씻겨서 잠옷으로 갈아입히고 이불 속에 곱게 눕혀주신 것이지. 그래서 너희는 아침에 기분 좋게 깨어날 수 있었던 거야.

죽음은 이와 같아. 우리가 피곤함에 지쳐서 누워 쓰러지면 하나님께서 우리를 완전히 깨끗하게 씻겨 새 옷으로 갈아입혀 주시고, 우리는 기분 좋게 하나님 아버지 품에서 깨어나는 것이란다. 죽음은 그래서 하나님의 자녀들에게는 무서운 것이 아니고 편안하게 하나님 아버지 품에서 깨어나는 것이지."[5]

주님의 길따름이들은 이렇게 죽음의 문을 지나 아버지의 집에서 깨어날 때, 시편 기자가 고백한 것을 경험할 겁니다.

> 나는 의로운 중에 주의 얼굴을 뵈오리니 깰 때에 주의 형상으로 만족하리이다 시 17:15

길따름이에게 죽음은 언제나 그 어떤 것보다도 더 나은 은혜입니다. 목회는 성도들의 영광스러운 죽음을 준비시키는 것이라고 저는 교우들에게 종종 말하곤 합니다. 그리고 주님의 길따름이가 죽음이라는 영광의 문으로 멋지게 들어가도록 돕는 것이 목사의 일이라고 믿습니다.

끝으로 당신에게 묻습니다. 당신은 지역 교회에 속하여 그런 목양 아래 머물고 있습니까? 주님의 길따름이로서 주님을 따라 걸으면서 험산준령을 지날 때가 왜 없겠습니까? 그러나 그 고된 순간에도 당신이 왕의 대로를 걸어가는 영광을 누리고 있음을 놓치지 마십시오.

길따름이의 주

들어서는 글

1) 존 번연, 『천로역정』 유성덕 옮김 (CH북스, 2015) 1부 17장, 19장, 20장을 참조하라.
2) 목회데이터연구소가 ㈜지앤컴리서치에 의뢰하여, 2023년 10월 18일부터 2024년 1월 3일까지 전국 청소년 성인 남녀 5,451명을 대상으로 조사한 결과다. http://www.mhdata.or.kr/bbs/board.php?bo_table=gugnae&wr_id=108
3) 로드니 스타크, 『기독교의 발흥』 손현선 옮김 (좋은씨앗, 2016) pp.22-24.
4) Cyprian, Pat.3, trans. G.E.Conway, FC 36 (1958) p.265. 앨런 크라이더, 『초기 교회와 인내의 발효』 김광남 옮김 (Ivp, 2021) p.38에서 재인용.
5) 3세기 로마의 주교였던 히폴리투스가 썼다고 여겨지는 사도 전승에는 실제로 "세례 지원자들이 3년간 말씀을 듣게 하라"고 쓰여 있다.
6) 앨런 크라이더, 『초기 교회와 인내의 발효』 김광남 옮김 (Ivp, 2021) p.255.

1장 | 좁은 문, 좁은 길

1) 이 주제에 대해서는 존 맥아더의 『참된 무릎꿇음』 (살림, 2008)을 참조하라.
2) 도날드 W.맥컬로우, 『하찮아진 하나님?』 박소영 옮김 (대한기독교서회, 1996) p.72.
3) 도날드 W.맥컬로우, 『하찮아진 하나님?』 박소영 옮김 (대한기독교서회, 1996) p.72에서 재인용.

2장 | 시험

1) 존 칼빈, 『기독교 강요』 3.20.51.
2) 토마스 브룩스, 『사탄의 책략 물리치기』 서창원 · 최도형 옮김 (엘맨, 2007) p.14.

4장 | 성품

1) 케빈 드영, 『그리스도인의 구멍 난 거룩』 이은이 옮김 (생명의말씀사, 2013) 1장 "빈틈에 주의하라" 참조.
2) Dallas Willard, "The Failure of Evangelical Political Involvement" in *God and Governing: Reflections on Ethics, Virtue, and Statesmanship*, ed. Roger N. Overton (Eugene, OR:Pickwick, 2009), 75: 고든 스미스, 『온전한 성화』 박세혁 옮김 (국제제자훈련원, 2016) p.78에서 재인용.
3) 김형익, 『우리가 하나님을 오해했다』 (생명의말씀사, 2014) p.212.
4) 고든 스미스, 『온전한 성화』 박세혁 옮김 (국제제자훈련원, 2016) p.85.

5장 | 마음

1) 아더 핑크, 『네 마음을 지켜라』 정시용 옮김 (프리스브러리, 2015) p.6.
2) 아더 핑크, 『네 마음을 지켜라』 정시용 옮김 (프리스브러리, 2015) p.91.
3) 존 플라벨, 『존 플라벨의 마음 지키기』 이대은 옮김 (생명의말씀사, 2014) pp.68-69.
4) 아더 핑크, 『네 마음을 지켜라』 정시용 옮김 (프리스브러리, 2015) p.46에서 재인용.

6장 | 아비투스

1) 박영호, 『우리가 몰랐던 1세기 교회』 (Ivp, 2021) pp.47-63.
2) 제럴드 싯처, 『회복력 있는 신앙』 이지혜 옮김 (성서유니온선교회, 2020) p.191.
3) 김형익, 『답 없이 살아가기, 답 없이 사랑하기』 (생명의말씀사, 2021)
4) 존 지지울러스, 『친교로서의 존재』 이세형·정애성 옮김 (삼원서원, 2012) p.12.

7장 | 권위

1) 디트리히 본회퍼, 『나를 따르라』 김순현 옮김 (복있는사람, 2021) p.54.
2) 벤 윌슨, 『메트로폴리스』, 박수철 옮김 (매일경제신문사, 2021) p.38.
3) 디트리히 본회퍼, 『나를 따르라』 김순현 옮김 (복있는사람, 2021) p.95.
4) 마이클 호튼, 『그리스도 없는 기독교』 김성웅 옮김 (부흥과개혁사, 2009) p.27.

8장 | 자기 부인

1) 존 칼빈, 『기독교 강요』 3.7.1.
2) 플레밍 러틀리지, 『예수와 십자가 처형』 노동래·송일·오광만 옮김 (새물결플러스, 2021) 1장 십자가형의 수위성을 참조하라.
3) 존 칼빈, 『기독교강요』 3.8.11.
4) 그랜트 왜커, 『빌리 그래함: 한 영혼을 위한 발걸음』 서동준 옮김 (선한청지기, 2021) p.528.

11장 | 예배인가 우상 숭배인가

1) 앨런 크라이더, 『초기 교회와 인내의 발효』 김광남 옮김 (Ivp, 2021) 7장 '예배'를 참조하라.
2) 톰 라이트, 『그리스도인의 미덕』 홍병룡 옮김 (포이에마, 2010) p.56.
3) 그레고리 비일, 『예배자인가, 우상숭배자인가?』 김재영·성기문 옮김 (새물결플러스, 2014) p.60.
4) 마르바 던, 『고귀한 시간 낭비』 김병국·전의우 옮김 (이레서원, 2012) p.10.
5) 마르바 던, 『고귀한 시간 낭비』 김병국·전의우 옮김 (이레서원, 2012) p.24.

12장 | 죽음, 더 나은 은혜

1) 토니 캄폴로, 『일터에 사랑』 이승희 옮김 (홍성사, 1993) p.144에서 재인용.
2) 로드니 스타크, 『기독교의 발흥』 손현선 옮김 (좋은씨앗, 2016) p.175.
3) 로드니 스타크, 『기독교의 발흥』 손현선 옮김 (좋은씨앗, 2016) pp.127-128.
4) 윌리엄 L. 레인, 『히브리서 1-8: WBC 성경주석시리즈47』 채천석 옮김 (솔로몬, 2006).
5) 양승헌, 『뚫린 귀』 (디모데, 1985) p.118.

사명선언문

너희가 흠이 없고 순전하여……세상에서 그들 가운데 빛들로
나타내며 생명의 말씀을 밝혀 _ 빌 2:15-16

1. 생명을 담겠습니다
만드는 책에 주님 주신 생명을 담겠습니다.
그 책으로 복음을 선포하겠습니다.

2. 말씀을 밝히겠습니다
생명의 근본은 말씀입니다.
말씀을 밝혀 성도와 교회의 성장을 돕겠습니다.

3. 빛이 되겠습니다
시대와 영혼의 어두움을 밝혀 주님 앞으로 이끄는
빛이 되는 책을 만들겠습니다.

4. 순전히 행하겠습니다
책을 만들고 전하는 일과 경영하는 일에 부끄러움이 없는
정직함으로 행하겠습니다.

5. 끝까지 전파하겠습니다
모든 사람에게, 땅 끝까지, 주님 오시는 그날까지
복음을 전하는 사명을 다하겠습니다.

서점 안내

광화문점 서울시 종로구 새문안로 69 구세군회관 1층
02)737-2288 / 02)737-4623(F)

강남점 서울시 서초구 신반포로 177 반포쇼핑타운 3동 2층
02)595-1211 / 02)595-3549(F)

구로점 서울시 동작구 시흥대로 602, 3층 302호
02)858-8744 / 02)838-0653(F)

노원점 서울시 노원구 동일로 1366 삼봉빌딩 지하 1층
02)938-7979 / 02)3391-6169(F)

일산점 경기도 고양시 일산서구 중앙로 1391 레이크타운 지하 1층
031)916-8787 / 031)916-8788(F)

의정부점 경기도 의정부시 청사로47번길 12 성산타워 3층
031)845-0600 / 031)852-6930(F)

인터넷서점 www.lifebook.co.kr